イギリス流 輝く年の重ね方

井形慶子

はじめに

五〇代前半が猛烈なスピードで過ぎ去って行きます。

ロンドン郊外ハムステッドの街に拠点を構え、小さなフラットを自分の思うままに改装していく毎日と、三〇年以上通い続けたイギリス社会に、今度は生活者としておっかなびっくりかかわりながら、でも生涯の夢をかなえた幸せのあふれる日常を綴《つづ》った前作から、一年余りがたちました。

私と、英国生活情報誌「ミスター・パートナー」のスタッフの日々は、その後もロンドンと東京を行き来しつつ、あわただしく過ぎてゆきました。

自分が一つの夢をかなえた時、五〇代を走り出した私が、同世代の、いえ、もう少し老いに近い人達を追いかけていることに気付きました。

自分の六〇代、七〇代はどうなるんだろう？　体力的にも、精神的にもそろそろ限界か、いや、まだ踏ん張れるかしら。

「バイタリティーあふれる人」というト書きが、少し重たく感じられることも時にあって、世間的にいわれる「自然体」で、もう少しゆっくり生きてもいいのかな？　そう思っていた矢先、東日本大震災、そして原発事故が起きました。

日本社会全体が一致団結したのも束《つか》の間、この本を執筆した当時（二〇一二年一〇月）は、政局も混迷して、再び日本社会のシステムがガラリと変わろうとしていました。

そんな日本とは対照的に、経済不況でもイギリスはロイヤルウェディング、ダイヤモンドジュビリー、ロンドン五輪と、華やかなイベントが続いていました。

かつてない地味婚でも真に愛し合う二人の姿に新しい王室を感じた、ウィリアム王子とキャサリン妃の結婚、八〇代となった女性でも立派に責務を全うできると強く教えられたエリザベス女王の即位六〇周年、そしてロンドン五輪に見たイギリスらしさ……。

ロンドン五輪の開会式は、「我々は北京《ペキン》にないものをやる」との宣言通り、のどかな田園風景からシェークスピア、産業革命と英国の歴史をひもとく前半。更に、エリザベス女王が００７と組み、コメディアンのローワン・アトキンソン演じる「ミスター・ビーン」がオーケストラの一員に扮するという演出。

『ハリー・ポッター』の著者Ｊ・Ｋ・ローリングに、ミュージシャンのＰ・マッカートニー、サッカー界のスーパースター、ベッカムも登場して、イギリスはまれなる発想と愛すべき才能の宝庫だと世界中に知らしめました。

圧巻だったのは、人々を壮大な形式美の一コマに仕立てた北京五輪に対し、名もない一般市民のボランティア一人ひとりを、美しい物語の立役者にしたことです。監督ダニー・ボイルの枠にとらわれない演出は、医療問題にもスポットを当て、国民になくてはならないセーフティーネットであるＮＨＳ（国民保健サービス）の医師、看護師、六〇〇人以上を患者役の子どもの周りで踊らせ、輝くベッドでＮＨＳという文字を浮かび上がらせたのです。

手術の待ち時間が長いなど問題も多いＮＨＳですが、保守党議員に左翼的宣伝と批判されても監督は、「英国の確たる価値観は、誰でも等しく無料の医療が受けられることだ」と主張しました。また、晴れ舞台の小道具として寄贈された三〇〇台のベッドは、開会式の後、整備してチュニジアの病院に贈られたとか。

北京の三分の一の費用で、見事に英国の問題点や目指す方向性をアピールしたロンドン五輪開会式は、「成長」より「成熟」の強みを世界に示したといえるでしょう。どんどん上を目指して走るより、熟していくことの方により共感を覚えます。

ロンドンでよく立ち寄るショップのデザイナーの女性は、アシスタントスタッフの息子がベッドで飛び跳ねる子役に抜擢《ばってき》されたとかで、付き添いとして、本番さながらのリハーサルを通しで見たそうです。

「あの開会式はイギリスそのものだわ」と、興奮する五〇代の彼女は、信頼できる数名のスタッフと共に、長年ロンドン中心部で自分の小さな店を経営しています。いつ会ってもはつらつとして、子どもの頃から大好きだったファッションの道を、自分のペースで歩んでいる、尊敬すべき女性です。

ある時、彼女の店近くの路地でコーヒーを飲んでいたら、帰宅する彼女が私を見つけて、話しかけてきました。

「ねえ、何て美しい夕暮れかしら。どうかロンドンのこの景色をゆっくり眺めてちょうだい」

会うたびに輝きを増す、彼女らしい言葉が、今も心に残っています。

ちなみにこの日の彼女は無造作に髪を束ね、ショートジャケットにミニスカート、そして快活なショートブーツ。ふわりと巻いたインド綿のストールが、とても若々しく思えました。

大人のミニスカートって、何て素敵なんだろう。背筋を伸ばして歩くその後ろ姿をいつまでも見ていた私でした。

こんな時、小さな願望が、一つ二つ、心の中に芽吹いてゆきます。

そこそこに収めることより、「あれもできる」「これも真似《まね》したい」と。

「輝く年の重ね方」にルールなどありません。身近な人、訪れた国で素敵だなぁと思うことを心に刻んで忘れないようにしておくこと。

そうすることで、煩わしさや不安が次々と頭をもたげる年代になっても、自分の人生を無理なく生きていける気がします。

ややもすると若さやキャリアにしがみつき、妙な敗北感や諦めを覚える五〇代。イギリスで体験したたくさんのできごとから、いつも輝きを吸収しつつ、颯爽と生きてゆくための、ヒントがお伝えできれば幸いです。

目次

第2章　人生を愉しみ尽くす工夫

第5章　ときめきはいつもロンドンから

イギリス流　輝く年の重ね方

イギリス全土地図

Shetland
シェットランド諸島
Scotland
スコットランド
2
1
3
Northern Ireland
北アイルランド
Lake District
湖水地方
4
5
Lancashire
ランカシャー
7
8
9
10
England
イングランド
6
Ireland
アイルランド
16
11
12
13
14
15
Wales
ウェールズ
Cotswolds
コッツウォルズ地方
17
18
London
ロンドン

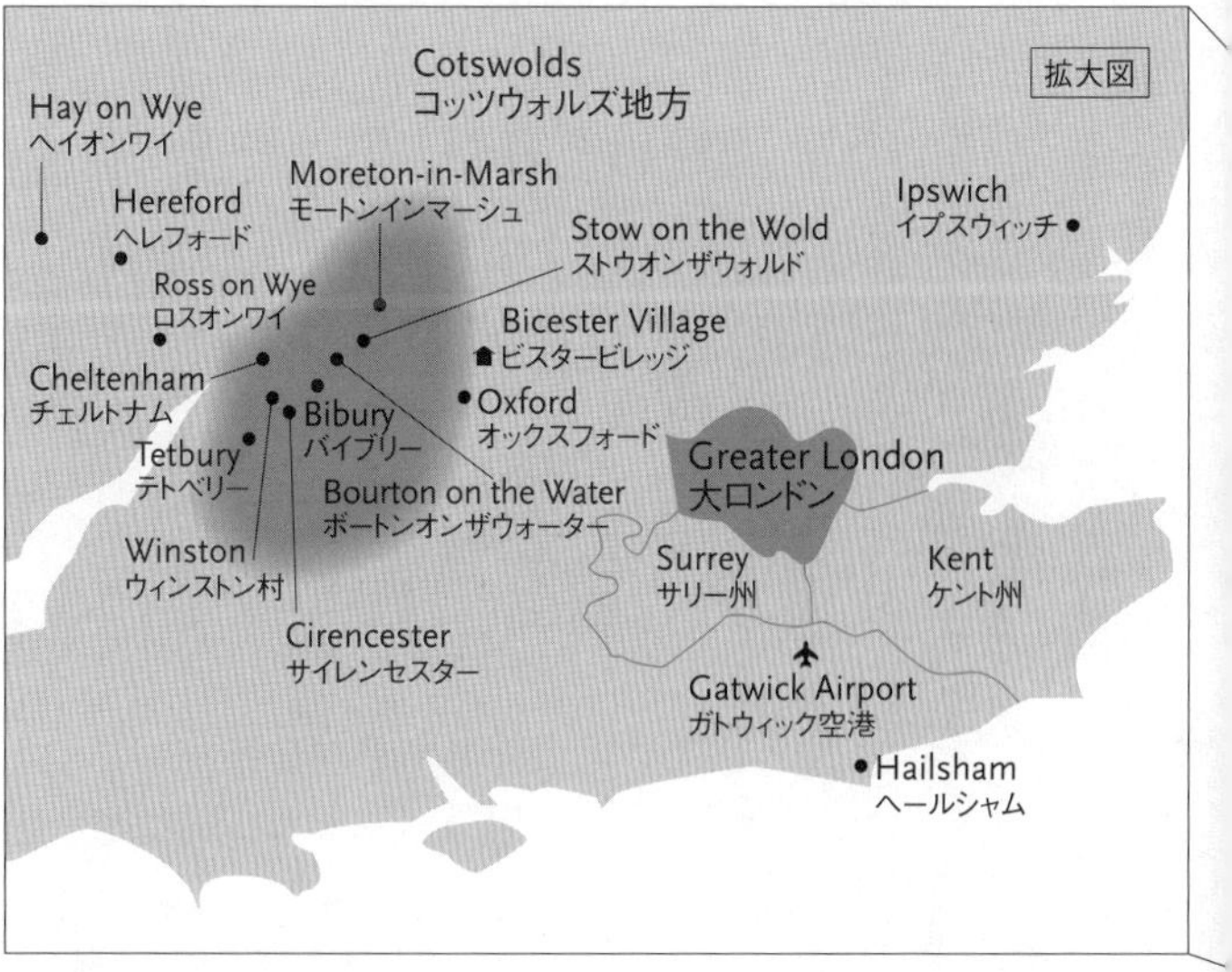

1 エジンバラ空港 Edinburgh Airport
2 グラスゴー国際空港 Glasgow International Airport
3 ハーウィック Hawick
4 ベルファスト Belfast
5 ニューカッスル Newcastle
6 ダブリン Dublin
7 デント Dent
8 ヘブデンブリッジ Hebden Bridge
9 ハリファクス Halifax
10 ハダーズフィールド Huddersfield
11 マンチェスター Manchester
12 チェスター Chester
13 リンカーン Lincoln
14 サウスウェル Southwell
15 ニューアーク Newark
16 スノードン Snowdon
17 カーディガン Cardigan
18 カーディフ Cardiff

Greater London
大ロンドン

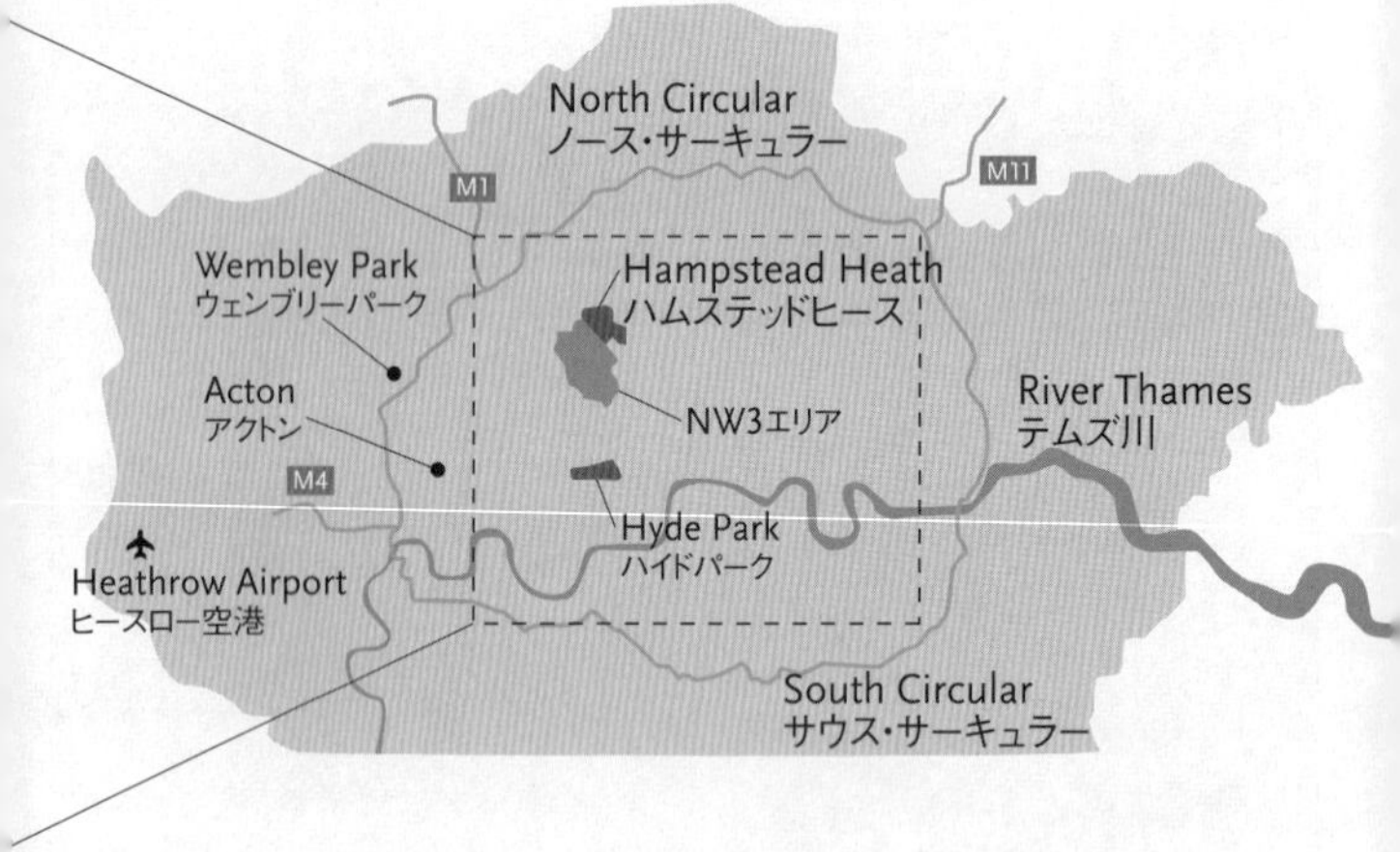

26 パディントン駅　Paddington
27 トッテナムコートロード駅　Tottenham Court Road
28 オックスフォード・サーカス駅　Oxford Circus
29 レスタースクエア駅　Leicester Square
30 クイーンズウェイ駅　Queensway
31 ノッティングヒルゲート駅　Notting Hill Gate
32 ビクトリア駅　Victoria

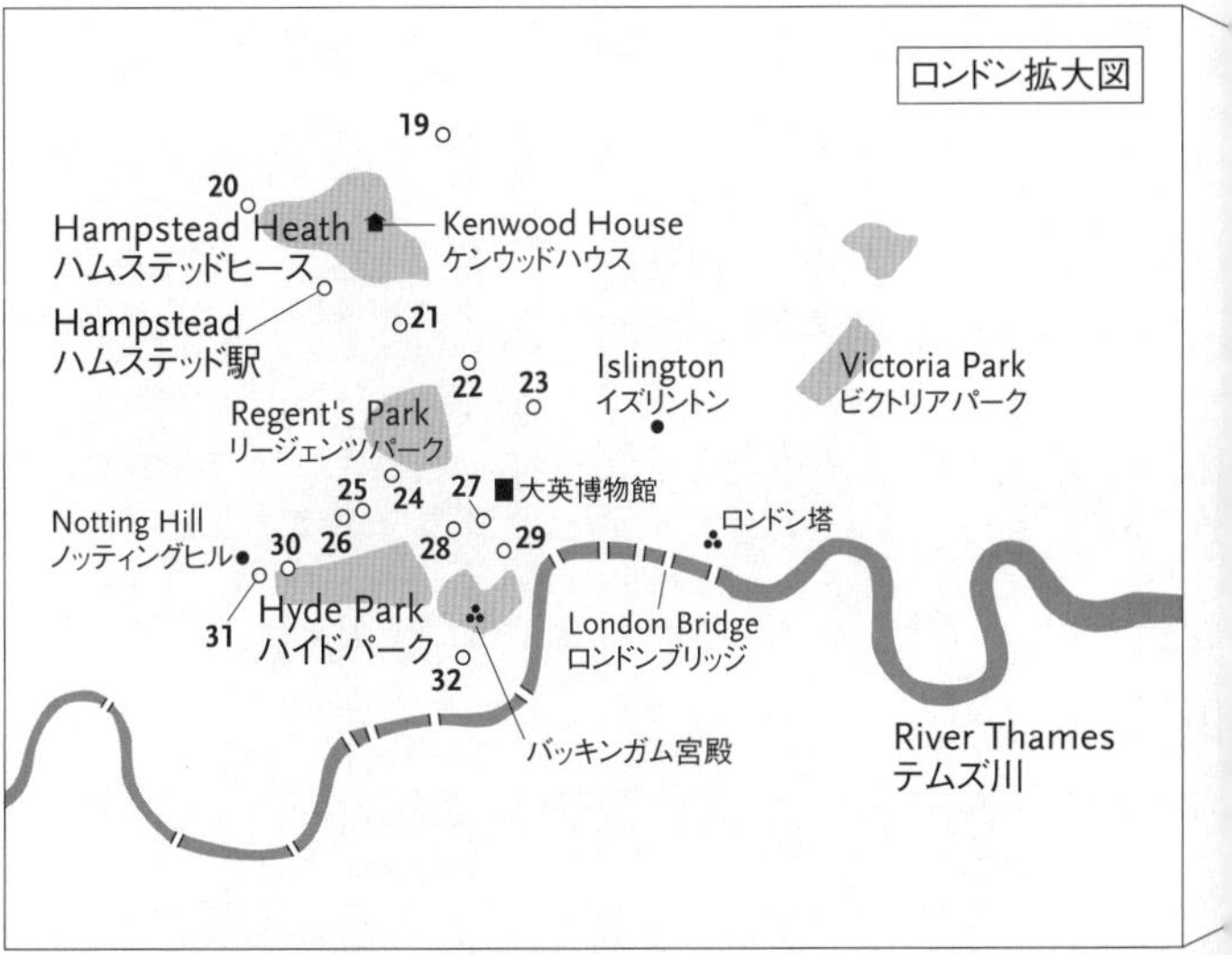

19 ハイゲイト駅　Highgate
20 ゴルダーズグリーン駅　Golders Green
21 ベルサイズパーク駅　Belsize Park
22 カムデンタウン駅　Camden Town
23 キングズクロス駅　King's Cross
24 メリルボーン駅　Marylebone
25 エッジウェアロード駅　Edgware Road

この作品は二〇一二年一二月、ホーム社より刊行されました。

初出　第1章のみ「東京新聞」二〇一二年一月一一日〜七月一八日掲載
その他、すべて単行本書き下ろし

地図制作　L'espace

第1章

生きる上で大事にしたいこと

イギリスで学ぶこと

◇女王にもっとも近い、テムズ川の特等席に座るのは？

真夏日から一転して冷たい雨の降るロンドン、ダイヤモンドジュビリーの式典を愉《たの》しみに出かけた。二〇一二年六月のことです。

エリザベス女王在位六〇年を祝う、一〇〇〇隻以上もの船がテムズ川へ繰り出す一大ページェントは、実に三五〇年振り。その迫力を思い返すと身震いします。

群れることが苦手な英国人も、船上の女王をひと目見ようと詰めかけました。すでに歴史的瞬間を見るべく、テムズ川を望むホテルの客室は一泊一〇〇万円超でも大人気。庶民は人垣を眺めるのみなのでしょうか。脚立を立てる人、バス停の屋根によじ登る人をかき分け進みました。

目を凝らすと、橋や川べりの最前列に立てそうな場所があります。これ幸いと近づくと、ロープの向こうは障がい者の人ばかり。

「ここは僕らしか入れないんだよ」と車椅子の青年が誇らしげに言いました。テムズ川が見渡せる最前列は、彼らのために確保されていたのです。

かつて戦争で顔にすさまじい傷を負った人々を、わざと会わせないようにした側近に、エリザベス女王の伯父エドワード八世は激怒したそうです。

「この人達こそ、私達が絶対に謁見《えつけん》すべき大切な国民だ」

この精神は今に受け継がれていると感じました。

戦後、英国は福祉国家として歩み続けました。VIPでなく、国旗を振るのもままならない人達を前に、立ちずくめのまま、船から手を振る八六歳の女王。彼らの声援に応える姿に、すべての国民に注がれる温かいまなざしを感じたのです。

◇たくましさでは、おばさんが一番

円高が進むと、中高年女性の留学やホームステイがじわりと増えます。年間一〇〇人を海外に送りだすシニア留学専門会社でも、渡航者は右肩上がりとのこと。

「井形慶子の世界」をつぶさに見てもらおう、とはじめた「英国コッツウォルズの家々を巡る旅」ですが、短期ホームステイに関心を寄せるのはおばさん達が中心です。

英語が話せなくても、持病があっても関係ない。子育てを終え、懸命に働いてきた自分の夢を実現させるため、大切な絵を売ったり、老人ホームの入居を遅らせ、資金を捻《ねん》出《しゅつ》して飛び立つ。その年齢は年々上昇し、この二〜三年、八〇代の参加者も増えました。数年前、ヨークシャーの嵐が丘を彼女らと歩いた折、荒地に迷い込んでしまいました。焦る私の傍らで八〇代の杖《つえ》をつく女性が、「おお牧場はみどり」と歌い出し、コーラスの輪が広がったのです。

それはまるで、「私は大丈夫よ」と言うように力強くムーア（原野）に響き渡りました。彼女らは滞在先で家庭料理を学び、収納や庭作りに共感します。また、語学力より大人の良識で渡り合おうとするのです。

一〇年前に不発に終わったロングステイブーム。巻き返しをはかる各大手旅行会社は、俗称「おばさんコース」に懸けました。

参加者の数では、比較にならないほど少数派のおじさん族は、いきいきと参加する奥さんの相部屋要員か、「一人で留守番をさせても何もできないからと連れて来られた」と肩をすくめるばかり。

日本で強い順は、おばさん、おじさん、若い女性。世界一長生きするパワーで、永田町の煮え切らないおじさん達の目も覚まして欲しいと思うのです。

テムズ河岸には多数の市民がつめかけた。「Everybody Enjoy（皆愉しみなさい）」との女王の言葉通り、全英の通りではBig Lunch（路上パーティー）が開催された。

◇イギリスの長距離バス事情

日本でしばしば起こる長距離バスの事故。悪いのは運転手、運行会社だけでしょうか。前述の通り、毎年バラの咲く六月、英国の家を巡るツアーに同行する私ですが、その行程で旅行会社が一番悩むのが、バス運転手のスケジュールです。

英国で許される稼働時間は四時間半ごとに四五分の休憩で、一日最長一五時間。五日間乗務後、四八時間休憩も法で定められています。差し込まなければエンジンがかからないIDカードが勤務状態を記録し、超過すれば運転手も会社も罰せられます。スケジュールが押して発車をうながしても「休むのは義務」と、運転手はルールを優先。

このようなことから地方から市内に戻り、ロンドン観光を経て空港に直行したいという希望がままならず、運転手の休憩確保のために大英博物館に寄り見学を入れるのです。

この長距離バスの前身は駅馬車（ステージコーチといわれます）。全英にルートが張り巡らされたのは、第一次大戦後です。七〇年代には白い車体のナショナル・エクスプレスが登場。

数年前までは、片道一ポンド（約一三〇円）の長距離「メガバス」が注目株でした。

一部のみの激安座席は早い者勝ちで、予約はネット中心。中古の路線バスを改造した車両と、待合所もない標識だけの乗り場が、安い理由だそうです。「1£（一ポンド）」と描かれた二階建てバスが全英を結ぶ様子は頼もしいもの。

日本でも公共運賃の価格破壊は進みますが、介護タクシーすら入札に勝つため、安く使える人材を運転手に登用しているそうです。経費圧縮はまず人にきます。運転手の異常な労働環境が明白になった日本でも、現実離れした基準の改正は急務です。

◇買わない暮らし

先日ファミレスで友人を待っていた時のことです。隣に座った年配の女性が職場の後輩らしき女性に自分の半生を語っていました。

北の国から職を求めて上京したが、なかなか仕事にありつけない。やっと見つけた一日三時間のスーパーのレジ打ち。遅番まで働くからと店長に頼みこんで、七時間に延長してもらったそう。貧しさとの闘いに、すっかり同情するアラフォーの後輩。が、おばちゃんの声には張りがあり、彼女に何かを伝えようとしている。

「大変だった。貧しかった。でも頑張ってお金を貯めて、業務用の冷凍庫を買ったのよ」

えっ、冷凍庫。意外な発言に私は耳をそばだてた。

「スーパーの遅番になると賞味期限の切れた残り物を、毎日のようにくれるのよ。まともに買うと贅沢品の豚のブロック、マグロ、タイ、それを家に持ち帰って、小口に分けて冷凍するために」

マンションでも車でもない、大きな冷凍庫を買ったおかげで、貧しい母子家庭ながらも、子どもは毎日ごちそうを食べられた。お金も貯まったという。発想の転換で人生はいかようにも乗り切れる。

「すごいね、おばちゃん」

年下の女性は目を輝かせ、私は心の中で拍手をした。

消費税の増税に突き進む日本で、生活防衛はいよいよ必須。私が、『イギリス式 買わない暮らし』という本の中で紹介した英国の高齢者達も、大型冷凍庫を活用し、無駄を省く。暮らし向きが厳しい人ほど、人任せでない苦肉の策があるものだ。

◇もっと地元を愉しもう

ＧＷに予定がないといいたたまれない私は、渋滞、混雑に巻き込まれるとわかっていても、どこかに出かけないと大損した気分になります。

　けれどチケット、宿の予約は争奪戦、かつ高いとあって、今年はついに断念しました。同じように考える人も増えたようで、急な取材で長野方面に出かけたものの、宿はけっこう空《す》いていました。日本人の旅の定番、「安・近・短」が更に小ぶりになったのでしょうか。

　先日、私が住む武蔵野《むさしの》市・吉祥寺《きちじょうじ》のギャラリーで娘や孫達による、祖母の作品を展示した刺しゅう展を見ました。家族が会場を借り、おばあちゃんを盛り立てる展示会。その趣旨に感心しました。刺激を求めて遠出する以外にこんな過ごし方もあったのだ。

　そういえば若い頃《ころ》、海外への憧《あこが》れを募らせながらも先立つものを持たなかった私は、海外文化を紹介する街の小さな催しに大きな刺激を受けたのです。予定のない休日のむなしさは未来への夢に変わりました。

　そんなわけで、毎年ゴールデンウィークには、仕事、介護、お財布事情諸々で英国旅行がままならない人向けに、吉祥寺のギャラリーで「連休の小さな英国フェア」を開催しています。生活雑貨、服、本などを通して、旅した気分を味わって欲しいとの思いです。

　東京では東京スカイツリーをはじめ、大型ショッピングモールが続々と誕生。一方で街に根付いたギャラリーやカフェが人気を集めています。店主と話し、生活文化に触れる愉《たの》しみは、英国でも普遍的なエンターテインメントになっています。日本でも、それを欲している人は多いのではないでしょうか。

◇英語教育より対話力を

二〇一一年より小学校五・六年生の英語が必修化されました。ところが、英語教師ですら外国人を前にたじろぐこともあるのに、早期取り組みだけで本当の英語力が身につくのかという疑問が湧きます。

英国コッツウォルズでガイドをしている日本人女性に「英国の教育」について聞く機会がありました。子どもが一年生になると、毎週一人ずつ「自分が一番好きなもの」についてクラスメイトの前で話すそうですが、自分の好きなことだから、どの子も話す材料には困らないそうです。

上級生になると演劇も必須。さすがシェークスピアの国です。子どもの頃からいろいろな人物を演じるので、自分と違う人間がいるのは当たり前と思って育つのでしょう。また、他者を演じることで自分を知る機会にもなり、他人との距離感など人間関係にもたけてきます。

日本では兄弟も少なく、地域で子どもが群れる光景も少なくなりました。人間関係に対応できず鬱《うつ》になり、その治療に専門家を必要とする人も多いなど、対人関係が不得手な若者が増えています。

そのような日本では、英語教育を急ぐより、まず身近な人に自分の考えや意志を伝える能力を育《はぐく》むことが先決ではないでしょうか。相手が何を言っているのかを理解し、自分の言葉で語ることが何より大切。英語は国語力ですから、対話の基礎がなければ身につきません。

留学生の減少に日本人の内向化を指摘する声も多いのですが、まず、自分の考えをきっちり伝える訓練が必要では……と思います。グローバル時代、身振り手振りであっても、臆《おく》せず伝える技術こそが世界からも求められている気がします。

◇もっと親の身になって

なぜこうも腰砕けなのかと地団駄を踏んでしまいました。待機児童を解消する「幼保一元化」のため「総合こども園」を作るという絶妙な発想が、二〇一二年春の国会に提出される見込みとなっていたのに、ふたを開ければ一番必要度の高い「三歳未満の子どもを預かるかは幼稚園の任意」「幼稚園は移行しなくてもよい」と何の進歩もありません。

私の住む武蔵野市では、自分の娘が育児する様子から困難な現代の子育て事情を知ったある女性が、築七〇年、敷地二〇五坪の民家を提供。市が年間一〇〇〇万円の範囲で運営補助をして「こどもテンミリオンハウスあおば」を完成させています。

保育料は一時間九〇〇円。四〇〇〇円で宿泊もできる、保育所というより我が家のような施設です。国が口を挟むより、地域の権限を厚くした方が結果は早いとつくづく思います。

共働きが多く保育所が不足する英国では、チャイルドマインダーと呼ばれる約七万人の保育ママが主流です。料金は一時間八〇〇円前後。日本との明確な違いは、預かる側に乳幼児がいても良い点。住居など一定の条件を満たしていれば誰でも保育ママとして登録できるのです。

子ども達と食卓を囲み、公園や買い物に出かけ、病気でも融通が利く第二の家庭。中には我が子の預け先が見つからず、マインダーとして働く親もいるのです。

英政府はこれを組織化し、補助金を支給しています。日本も「仕組み作り」を連呼するより、現実に対応できる策を早急《さっきゅう》に打ち出すべきだと思うのですが。

◇監視より門出を祝って欲しい

卒業式は誰のためにあるのだろうか。毎年この時季、君が代斉唱に教師が起立したかどうかが問題視されるたび、つくづく考えてしまいます。

二〇一二年、大阪のある学校では口元を「監視」し、歌ったかどうかを調べていたといいます。そのような中で、学校長は、巣立っていく子ども達のことを思い、祝う気持ちがあったのでしょうか。心は起立斉唱に従わない教師の監視でいっぱいだったのではないでしょうか。

「起立斉唱のルールを作ったのは議会で、私は教育委員会の指示に従っただけ」と言う大阪府立和泉高等学校の中原徹校長（当時）の答弁には、子どもや教師、保護者に対する教育者としての責任感がまったく感じられませんでした。

それとも職務命令で人が動くところに創意や関心、感動などが生まれるのでしょうか。東日本大震災では、とっさの判断で避難を誘導した教師らによって子ども達は助かったのです。

いつ何が起きるかわからない今の社会、子ども達には常に自分で考え、どうするか決断できる力を養わせたいと思います。どんな判断であっても、自分で決めたら人は責任を負えるはずです。

大阪市議会や学校教育に不満を感じる市民が少なくないから、橋下市長も支持されていたのでしょう。けれど、自分の意に染まない人間を排除する独裁政治は、いつか必ず関係がないと思っていた私達の身に降りかかってきます。手間はかかりますが、権力ではなく、大人の良識で日本を良くする道を選びたいと思うのです。

◇見て見ぬふりの根深さ

大津《おおつ》市で起きた、中学二年生男子生徒の自殺はやりきれませんでした。加害者の少年らは生徒の運動着に小便をかけ、ハチの死骸を口にねじ込み、万引きをさせ、自殺の練習をさせたと伝えられました。

我が子が同じ立場に追い込まれたら、誰もが学校、警察に乗り込み、加害者の親を怒鳴りつけてでも子を守るはずです。それを阻んだのは、事実確認で済ませた教師、学校の危機感欠如、被害届を受理しなかった警察です。また、真偽を調査しない教育委員会もすることはした、責任はないと居直るばかり。あきれます。

ここに不気味なデータがあります。二〇一〇年に文部科学省が発表した「児童生徒の自殺の状況」です。それによると、命を絶った一五六人中、「いじめ」で自殺したのはわずか四人。周囲から見ても普段と変わらず、特に悩んでいる様子もないとされる「不明」が最多の八七人だとか。この数字は極めて不自然。本当に追跡調査をしたのでしょうか。

先日も交通事故を目撃した私は、現場前の病院に「お医者さんはいませんか」と駆け込んだのですが、「警察が来るまで何もできない」と、看護師はうめくけが人を診ようとしません。振り込めサギの被害を警察に訴えても、音源、写真、もっと証拠を集めてと突き返され、動いてくれないと聞きます。

患者を診ない看護師、事件を知っても動かぬ警察、それ自体がルールによって正当化されることも問題です。人を守ることより、ルールを守ることが正義とされる社会に未来はないと感じます。

◇教師に子どもと向き合うゆとりを

教育現場の真っ只中《ただなか》にいる先生達が気になります。いじめ問題の起きた大津市では強制捜査が学校、教育委員会に入ったそうですが、これを機にいびつな日本の教育構造そのものを変えて欲しいと思います。

まず教師の仕事内容です。山ほどの報告書作りが主な仕事となれば、生徒の様子など目に入らないでしょう。大量のリポートを書かせる教育委員会も異常です。

学期ごとの教育プログラムを作らせ、うまくいったかどうか、その結果をまた校長に提出させます。採点、お知らせと、教師は職員室でいつもパソコンの画面に向かうため、個人面談、家庭訪問も必要最低限、子どもと向き合う時間もゆとりもありません。

昔は休憩時間になると教師同士が雑談し、生徒の様子を知る連帯があったように思います。今、肉声より書面が重要視されるのは、学校で何かあった時、きちんと説明できる証拠を残すため。そこに教師が多くの時間を取られているとは嘆かわしいことです。

経済協力開発機構（ＯＥＣＤ）の調査でも、日本の教師の授業に充てる割合は勤務時間のわずか三割だけとのこと。スコットランド、スペインは六割ですから、世界的に見ても日本の教師の事務作業はとんでもなく多いのです。

私の母は二〇年以上、不登校の子どもが集まる場を作ってきましたが、少し前から物を言わない「いい子」教師が増えたといいます。問題意識の高い教師ほど精神疾患で休職する傾向も指摘されているのです。

子どもが先生に求めているのは報告書作りではありません。文科省は真剣に考えて欲しいと思います。

◇被害者の人権に思いを馳せる

二〇一二年一月に公判の始まった、通称「婚活連続殺人事件」で、被告と愛人関係にあったとされる被害者男性の写真を見るたび、もし自分の父や兄弟なら、悲しみより、世間の好奇の目にさらされ、プライバシーを暴露される恥ずかしさで震え上がることだろうと思いました。

これにちなんで、前に「英紙盗聴疑惑」事件が日本でも報道されました。英国のメディアもスクープのためなら手段を選ばないことは、過剰なパパラッチ報道などを見ればよくわかります。大衆紙「ニューズ・オブ・ザ・ワールド」が雇った私立探偵が、誘拐・殺害された一〇代の少女や、ロンドン同時爆破テロ被害者の家族らの電話を盗聴したかどで大騒ぎになりました。タブロイド紙「サン」は発行部数第一位の二七〇万部と、高級紙の数倍売っています。

そんなタブロイド紙の発祥は、英国の子爵が発行した半ペニーの新聞。わかりやすく凝縮された情報媒体は、飲みやすい薬のタブレットに例えられる「タブロイド紙」として一九世紀末に広く普及しました。

「わかりやすい」と「刺激」を渇望する大衆は、難解な判決文を熟読するより、裏事情に走ります。

そんな心理が被害者をさらし者にしなかったでしょうか。

また、大きく報じられた光市《ひかり》母子殺害事件の最高裁判決。妻と娘を殺された本村洋《もとむらひろし》さんの一三年にわたる心労もいかばかりだったでしょうか。加害者に極刑を求める本村さんの訴えには、同情だけでなくいわれのない誹謗《ひぼう》中傷もあったはずです。それを押して講演活動を続け、司法の目を殺された妻子に向けさせたのです。もし自分の家族が殺され、その相手に極刑を求める時、世間は味方になってくれるのでしょうか。

イギリスでひらめくこと

◇個人が確立されていない社会のもろさ

二〇一一年、震災後初めての年末の紅白歌合戦でした。「絆」「自分にできること」など、横並びのコメントを前面に押し出した演出に違和感を覚えました。

百貨店の年末商戦にも如実に表れた付和雷同。けれどそれを否定してはならないと思うのは、稼ぐために何でもするくらいの気迫なしには、この国難は乗り切れないと考えるからです。

懸念すべきは日本の場合、欧米のように言葉や態度で自分の考えをはっきり主張し、個人の責任で物事を完結させる習慣がない点です。

個を殺しても周りと協調するという日本人の美徳が、重要な局面でも人の顔色ばかりをうかがい、波風立てず聞こえのいい方向にまとまることを良しとします。時に「絆」は判断を狂わす「しがらみ」になっていくのではとも案じます。

福島県二本松市《ふくしまにほんまつ》では、マンションの工事に放射性物質で汚染されたコンクリートが使われていました。被ばくのリスクに、「子どもに申し訳ない」と泣き崩れる被災者達。すでに屋外の汚染された稲わらを食べた肉牛で騒動があったのに、業者は部材も危ないと考えなかったのでしょうか。絶対一人くらいは危険を察知した人がいたはずです。

最近、日本では物事にきちんと向き合う真面目な人が激減した気がします。「みんなで」という概念が個の責任をあやふやにしていないでしょうか。社会が破綻《はたん》する前触れは、使い捨ての横行、判断力の欠如、衆愚政治にあると聞きます。個が確立されない社会では、力強い連帯は生まれるはずもありません。世の中を見渡した時、テレビ画面に映し出された「絆」という文字が虚しく感じるのです。

◇ゆがんだ国土を諦めない

英国西ヨークシャーの山深い場所にデントという集落があります。やせた荒地、農耕に適さぬ低温と、昔から人々は羊毛を紡ぎ、編み物で収入を得てきました。その生活文化に共感して、ニットで再び村おこしをすべく立ち上がった女性と知り合いました。

震災から一年たった三月一一日、私はデントに彼女を訪ねました。黙々と手仕事をする工房の女性達。ラジオからは「ツゥナミィ」という単語が繰り返されます。オーナーの彼女は全英で流れる特別報道に朝からずっと日本を思っていたと涙ぐみました。「今度は首都圏に大地震が来るらしいのよ」と彼女に言うと、「それでもあんな東京に住み続けるの？」と信じられないという目で私を見ました。地震と縁遠い英国人の率直な感想なのでしょうか。一寸先は闇《やみ》。けれどほかにどんな選択肢があるのでしょうと、牧歌的風景を見て考えました。

さまざまな報道によると、すでに今の日本列島は三・一一以前とまったく別物になっているそうです。科学の力をもってしても巨大地震の予知はできなかったのです。次は南海トラフ地震がやってくるというものの、背負っている数千万の命の保証はありません。悔やみ、猛省したのが先の地震なら、専門家は次こそ日本人の英知で宿命を打ち破って欲しい。地殻がどう変わろうとも日本という国土を諦めず、住みこなすために。

増税、原発を上回る最大の案件、相手は地球なのです。

◇地震対策も自前なのか

震災以来、私は通勤に大きなバッグを持ち歩いています。

万が一、がれきの下に閉じ込められた時、数日しのぐための、飲料、飴《あめ》、常備薬、ぬれティッシュなどを入れるために。

三・一一の夜、凍えながら歩き続けた経験から、服も少し暑いくらいに着込んで、ストールも一枚余計に携帯する。ヒールの高いおしゃれ靴は会社に置き、通勤にはウォーキングシューズを習慣にしました。

九州に暮らす両親は気にし過ぎと言う。けれど、頭の片隅にはもし、という想定が常にあります。それが現実味を帯びたのは、首都圏で四年以内に直下型地震が起きるという報道です。全壊焼失八五万棟の予測もあります。

その時どう身を守るかは自己責任が前提。地震速報の機械的な呼びかけが「強い揺れに警戒してください」と突き放したあの日のことは決して忘れられません。

「市民なくして国家なし」とは英元首相チャーチルの言葉です。戦後、日本と同じく国土が焦土と化した欧州では、産業復興より国民の生活を優先するべく、国が家をなくした国民に率先して公営住宅を供給しました。けれど日本は鉄鋼・石炭と産業に資金を投入し、住宅建設費がなくなったのです。

そこで「日本を豊かにしよう。国を豊かにすると、産業が発展し、会社も潤い、給料も上がり、家が建てられる」という論法を確立。国はろくに策を講じないまま、家は自前が当たり前、自己責任で何とかしようが今に続くわけです。無策のあげく何とかしろと押し付けは、もう勘弁と声を上げる時がきたようです。

◇がれきからの出発

私達が考えるべきことの一つに、がれきの処分があります。不承不承引き受けるのではなく、知恵を出し合うことこそ「必要」ではないでしょうか。

東北三県のがれき推計量は、約二二四七万トン。これをどうやって全国に運ぶのか、輸送手段は船か貨物列車かトラックか、コストも含め不明瞭《ふめいりよう》な点が多過ぎます。受け入れ自治体の検査費用を国が負担したところで解決しようもありません。被災者は助けたいけれど、原発の尻ぬぐいは嫌、が民意だからです。

ここは新聞広告を出して処理を頼み込むより、いっそ、がれきの有効活用に懸けてはどうでしょう。規模は比較になりませんが、すでにごみ焼却場の熱を利用した施設は全国にあります。

焼却炉の建設費は一炉一三億円前後。三炉で一日五七〇トン、二〇一四年三月までに一七万トンが処理できるという説もあります。ならば被災地に発電を兼ねた炉を作り、巨大リサイクル産業を興せば雇用も生まれ、がれきも資材に変わり、電気を作ることも可能になるのではないでしょうか。

家庭ごみの四〇パーセントがリサイクルされる英国では、焼却で発生する熱は再生可能エネルギーとして市民生活を支えています。埋め立てよりごみの焼却処分を推奨することで、海外への燃料依存を減らすもくろみも見えます。

日本もがれきの押し付け合いより、エネルギー転換の道を模索すべきです。戦後がれきから私達を発展させた英知は、苦難以上に幸せをもたらすはずです。

◇賠償金は所得ではない

二〇一二年初頭、福島第一原発二号機の温度が再び上昇しました。大地や海洋が汚染されたまま、農漁業、サービス業に従事する人々はいまだ生活のメドも立ちません。

そんな時に、国は微々たる原発賠償から「事業所得に関わる収入」だと税金をむしり取ろうとしています。なぜ賠償金から必要経費を除いた残金が課税対象なのかわかりません。あれだけの被害なのだ。故郷を追われた人々に更なる税を負担させるとは。

英国では低所得者への収入補助金から寒冷気候一時金まで、弱者に対する非課税は大原則です。だから英国人は原発賠償に課税するこのロジックが理解できません。「三億円の宝くじが非課税なのに、生活できない被災者に税を課す理屈がわからない」本当にその通りです。思うに、日本ではいつも想定外の事態に法律が追いつかないのです。

福島在住の酪農家は、やっと原発賠償金が振り込まれた口座を、滞納のかどで日本年金機構に差し押さえられたそうです。税務署でもない年金事務所が法律を振りかざし、回収率を上げる暴挙を誰が許したのでしょうか。

そもそも原発賠償は一般の事故に例えられるのでしょうか。

仕事を奪われ、人生や故郷の基盤を根本から破壊されたのです。国や東京電力にその認識があれば、やっと仕事を再開した被災者に、稼ぐほど減らされてゆく「賠償を減額する仕組み」を考えるはずがないでしょう。

これ以上、建物、車など生活再建費用を出し渋ると、被災者が人生を投げ出しかねません。早急な法改正は最大の誠意なのです。

◇原発施設を遊園地へ転換

国内すべての原発が運転停止したとしても、私達はその先を考えなくてはいけません。脱原発を表明したドイツでは、すでにチェルノブイリ原発事故をきっかけに、オランダ国境近くにあった初の高速増殖炉を廃止していました。

このカルカー原発跡地は、一九九五年にオランダ人実業家によって買い取られ、今は年間約六〇万人がつめかけるテーマパークとなりました。燃料が入ることなく廃炉となった原子炉の建屋には、巨大なアトラクションがすっぽり入ってそれは壮観。画期的な「ワンダーランド・カルカー」は、ディズニーランドのように約四〇〇〇円で一日乗り放題。サッカー場約八〇個分の敷地には遊園地のほか、ビジネスセンター、飲食店街、ホテルまで建ち並びます。

原発事故により安心して外遊びできない子ども達を思うにつけ、「開発」と同時に「その後」まで設計することが、これからの日本には不可欠だと思います。

オリンピックパークが建設されたロンドンのローワーリーバレー地区は元工場地帯。有害物質で汚染された土壌を大規模に浄化し、施設には低炭素型コンクリートを使用。

会期中発生したごみのうち七〇パーセントをリサイクルし、肥料などに変え、大会終了後は一万戸以上の家を建て、ロンドンの住宅不足解消の一助となりました。

原発は遊園地、五輪会場は住宅地へと、活用するドイツとイギリスの発想。日本でも開発の先にいつも市民の暮らしを描いて欲しいと思わずにいられません。

イギリスで考えさせられること

◇スカイツリー報道とテレビ

出勤前のあわただしい朝、身支度をしながらテレビのワイドショーを見ることが習慣です。ここしばらく芸能ネタより政治や時事ネタが増え、毎晩帰宅が遅く、夜のニュースが見られない身としては嬉しい限りです。

だから、金太郎飴のように各局横並びのスカイツリー報道に違和感を覚えました。オープンの日に向け秒読み段階に入ってからは、絶景ポイントからお土産屋の紹介まで、連日、過熱報道が続いていました。テレビ局というマスメディアの特権をいかした安易な視聴率稼ぎなのでしょうか。

世界一の高さより、世界一の安全を目指し一丸となるべき時なのに。原発再稼働、異常気象、復帰四〇年の沖縄問題と知りたいことは山積みです。貴重な電波で伝えるべきことはほかにもあるはずなのに。

震災以降という言い方もすっかり古くなりましたが、あの日を境に私達は、この国の奇妙なからくりを次々と見せられ、少しは賢くなりました。だから、テレビにはお仕着せのエンタメより考える材料をたくさん提供して欲しいと思います。全国区の番組は被災地の人達も見ています。明日をも知れぬ人達にとって、「今日のスカイツリー」にはしゃぐ出演者はどのように映るでしょう。

節電意識が高まり、脱原発を社会が模索する今、苦渋の選択を迫られている人達はたくさんいます。伝達スピードの速いテレビはその役割を忘れないで欲しいと思います。

◇増税より先になすべきこと

消費増税に向けどうしても納得できないことがあります。国会議員の歳費や公務員数を削らないこと。天下り、渡りが依然巧妙に行われ、儲《もう》かる仕組みを役人が手放さない点です。

もし大赤字会社の経営者が何とか乗り切るためと、従業員の給与を軒並みカットし、名ばかり役員だけに高額な報酬を払い続けたら、誰が会社の将来を信用できるでしょう。これが今の日本です。

このようなムダはカットせず、少子化を危ぶむ議論ばかりを白熱させる姿にも、あ然とさせられます。若者の貧困層が拡大する中、平均年収約七〇〇万円ともいわれる三四五万人の公務員に投入される税金は、国会議員への支出と合算すると、年間約二五兆円、税収の三分の一を占めるのです。その役人が若者に子を産めという矛盾。四人に一人が年収二〇〇万円以下ともいわれているのにです。

英国では公務員を大幅削減し、同じ仕事を民間と公務員で競わせ、安く効率の良い方を採用するなど歳出をスリム化し、五輪すらコンパクトを目指しました。また国民の多くがチャリティー活動を行う慣習を行政にも活用させています。

七〇代の高齢者は、ボランティアとして警察に週三日出向き、道案内、落とし物を受け取る受付業務に就いています。日本では彼の世代が平気で一〇〇〇万円級の報酬を受け取って公職に居座っているのです。

政治の要《かなめ》が優先順位とすれば、増税以前に若い世代を援助する原資を絶対に食いつぶさせてはならないのです。

◇おかしな復興増税

従業員の給料計算の折、税理士さんに、二〇一三年一月から復興特別所得税で税額が上がりますと言われました。

よく聞いてみると、「基準所得税額」×二・一%という付加税を、何と二五年間も払い続けなければならないというのです。次世代に負担をかけない配慮といいますが、給与年収八〇〇万円の夫婦と子二人世帯で通常の所得税に加え約七〇〇〇円を延々と払い続けるのです。そればかりか貴重な年金、預金利息にも税が課せられるとか。

「いつ決まったんですか」と驚く私に税理士も、気付いたら法案が通っていたと苦笑。周りに聞いても二五年間とは知らなかったという人ばかり。十分な説明もなされぬまま、私達が得た収入を国がかすめ取るような、姑息《こそく》な早わざです。

年間の所得増税効果は約二九〇〇億円。二五年間で七兆二五〇〇億円となります。けれど、財務省の平成二四年度予算政府案による資料では、税金の使途はがれき処理のほか、原子力災害復興費用がそれ以上に含まれています。原発の後始末まで、ペナルティーのように国民が均等に負担させられるのです。

こうなると二五年間課税される中身が本来の復興資金なのかと疑ってしまいます。大地震が起きるたび、「身を切れ」「絆」だとあてにされてはかないません。私達に金を出せと言うのなら、政治家もいさぎよく賃料格安の豪華宿舎を諦め、わずか二年間にとどまった国会議員歳費削減を二五年間継続すべきです。

◇給料が減っていませんか

ここまできたら与党が割れようがつぶれようが、もうどうでもいいと本気で思います。それより深刻なのは、このところ従業員に支払う給与の手取りが減っている現実です。せっかく昇給しても、大して代わり映えしません。明細を見ても手取りが減る理由がよくわかりません。復興増税に続いて、今度はいったい何ですかと税理士に尋ねると、健康保険料率が二〇一二年三月分から上がった。厚生年金も一〇月から五年間毎年上がり続けるというのです。消費税騒動でかく乱しておいて、裏では徴収範囲がいつの間にか増やされていたとは。

月収三〇万円のサラリーマンなら、個人負担の健康保険と厚生年金を合わせると、月額一二六六円の値上げ。年間一万五〇〇〇円も負担が増えるそう。「おっと、扶養控除が廃止・縮小されて、六月には住民税も上がりましたね」。税理士も、手元の資料を見つつ答える複雑さです。

問題なのは毎日、新聞を読み、ニュースを見ていても、これらがいったいいつ、どのように決まったか、ほとんどの人がわからない点です。給与明細を見てびっくりの、事後承諾に近い押し付け。少しでも税収を上げたい役人は、ガラス張りのサラリーマンの給与から、さまざまな名目で金をかすめ取ります。取られる側は自分だけが無知なのかと錯覚しますが、こうなったのも永田町が世論を軽んじているだけ。メディアは政局の泥仕合より、国の一方的なやり方を、もっと監視して、報道すべきです。

◇痛みは国民ばかり

英国で大手建設会社の元重役の家に滞在しました。新築住宅の建築が日本のたった四割という英国で、その社名は高級住宅の代名詞にもなっている有名企業です。六〇代を前に早期退職した氏は、今も、現役時代から続けてきた学校の理事を無償で務めているとか。

「私は家も年金もある。work for nothing（見返りなどいらぬ）」という笑顔に立派な人だと気持ちがほぐれました。

以前はこういう人に出会うと、人はこうあるべきと素直に感謝していましたが、今は挫折《ざせつ》感を抱いてしまいます。

一方的に値上げに踏み切った東京電力は、家庭用電気から九割以上もの利益を得ている上に、平均五〇万円もの賞与を社員に出すそうです。また、全議員は領収書のいらない文書通信交通滞在費八六億円を廃止せず、次世代のために更に搾り取ろうと増税を決めました。もう、いいかげんにして欲しいと怒り心頭です。

付加価値税を上げた英国でも、払いっぱなしの経費など存在しません。不透明感を引きずったまま誰が増税に納得するでしょうか。

「watchdog」と呼ばれる英国の監視機関は、同じ業務を民間がやればいくらかかるのか、政府や自治体を定期的に調べ、プラス一〇パーセント以内という指針を貫いています。

民主党には、勢いある「仕分け」の時にこんなチェック機構を作って欲しかった。そこに懸けた一票が、分裂騒動に吸い込まれる無念さ。我が身は守り、顧客や国民にはもっと出せと迫る東電幹部や政治家は、故郷を追われ、孤独の淵であえぐ国民の姿が見えないのでしょうか。

◇電気料金はなぜ野放しなのか

企業向け電気料金の値上げ騒動もひどいものです。契約期間中でもノーと言わねば、平均一七パーセントも値上げするとは。目くらましのやりたい放題。一時も目が離せぬ体質を、政府はなぜ規制できないのでしょうか。

英国では一九八四年に電気通信事業が民営化されると、上限価格を決めるプライスキャップ規制を導入。公益事業の料金を規制しました。サッチャー政権下、九〇年には「電気法」に基づき電気事業は発電、送電、配電、供給に分割。各社しのぎを削る中、電気料金は均衡を保ち、国民は暴利《ぼうり》から守られました。

実はこの改革こそが世界の電気事業に影響を与えています。

一方の、日本はどうでしょうか。英国に遅れること一〇年、日本にもプライスキャップ規制は導入されました。その結果、総務省はNTTに対し、消費者物価の上昇に関係なく、電話料金の値上げを三年間拒否しました。今回の電気料金の値上げについて、資源エネルギー庁資源・燃料部政策課に問い合わせたところ「プライスキャップは電気事業には適用されていない」との返答。電気も公共性が高いのに、特別扱いなのでしょうか。

二〇〇一年以降、日本でも発送電分離が議論されましたが、電力業界はこれに猛反発。結局、発送電分離は実現せず、いまだ電力業界の独占は野放しのままです。増税と公務員切りすらまとまらず、国会は議論同好会のよう。問題解決は先送り。どんどん変わる英国を尻目にむなしさが募るばかりです。

◇政治家達の信念はどこに

ロンドンで、ある会社経営者に「国連は何のためにあるか知ってますか」と問われたことがあります。「それは世界平和でしょう」と答えたところ、「井形さんには悪いけど、やっぱり日本人は平和ボケだ」と笑われました。「正解はナショナル・インタレスト、国益の追求に決まっている」――と。

国連は各国が手をとりつつも、自国の利益をにらみ、駆け引きする場。そんなに甘いものではないというのです。

政権交代後、国際的な舞台で日本はいつもつまはじきにされてきた印象がぬぐえません。

二〇一二年四月の北朝鮮のミサイル発射情報も韓国、米国はタッグを組んで速報を流しました。けれど、出遅れた日本は蚊帳の外に見えました。

混乱する島しょを持つ役場、ミサイル墜落の有事に備え、銃を抱え上空をにらむ自衛官の姿もむなしく映ったものです。日本は指揮者不在。田中防衛相（当時）は怒られた子どものようにしどろもどろ、火元の北朝鮮国営放送も「日本はオロオロしている」とバカにする始末です。

枝野《えだの》経産相（当時）も、表情に覇気がないのは、なぜ。当初は再稼働を急ぐ気持ちはないと慎重だったのに、原子力安全委員会（当時）も安全と明言していないのに。大飯《おおい》原発を見切り発車した後悔からでしょうか。仕分けの時の歯切れ良さはすっかり消えています。

日本の政治家に共通するのは状況に引きずられるうち、本来の目的を見失うことです。こんな姿を始終見ている諸外国にとって、日本はますます軽い存在になっています。

◇政治家に不可欠な資質とは

以前、私が担当するラジオ番組に鳩山由紀夫《はとやまゆきお》氏を招いたことがありました。政権交代前、幹事長の要職に就き、国民の期待を集めていたにもかかわらず、約束の時間ぴったりにただ一人でやって来ました。そのフットワークの軽さ、饒舌《じょうぜつ》さに新しい時代の政治家を見た思いだったことを思い出します。

けれど、その後の様子に、良き隣人が優秀な政治家とは限らないことを痛感しました。「トラスト・ミー」と迷走させた米軍普天間《ふてんま》飛行場移設問題は、日米の信頼を失墜させ、イランにもひっかけられました。核兵器開発疑惑にともなう経済制裁に対し、イランは原油輸送の大動脈ホルムズ海峡の封鎖をちらつかせたのです。この緊迫感の中、鳩山氏は「友愛」でイランを説得できるとでも思ったのでしょうか。政府、野党、駐日大使の引き留めをも振り切ったイラン大統領との会談。結果は、日本の元首相が国際原子力機関（IAEA）を批判したと世界にうそぶかれてしまったのです。

こうして大切な商談をぶち壊した人に、顧問をやらせる社長などいません。野田《のだ》首相（当時）は真剣に国益を守る気があったのでしょうか。

英国地方自治体改善・開発機構のデータに「英国で政治家になる人の特徴」が明記してあります。いわく、「自分の考えより現実を重んじ、木より森を見る如《ごと》く未来予想にたけている人」。一般人は、わずかな「変化に強く、物事を迅速に推し進める」能力があれば、政治家になれると結論づけていました。

このような人に日本を託したいとつくづく思います。

◇橋下人気に逃げない

橋下大阪市長率いる維新政治塾のフィーバーが気になります。維新の会の応募者三三〇〇余人の中には、現職の国会議員、地方議員や官僚も多いと言いますが、国の中枢を動かす人々が、我先に話題のリーダーににじり寄る態度も解せません。

これが庶民であれば政治への不満、貧困の広がりから、リーダー待望論に火がつくのも不思議ではありません。けれど公務員・政治家になった人達には信念があったはずなのに、日々の地道な作業を放棄したように見えてなりません。

ＡＫＢ48が持ち上げられれば、子どもから飲食店の従業員まで、徒党を組んでにわかアイドル気分を味わいます。庶民が「もどき」を愉しむのには何の罪もありませんが、私達のお金で働く人達が、オーディション番組に応募してアイドル候補生にでもなるようなノリでは困ります。

いったい日本人はいつから「考える」ことより、「感じる」ことにより重きを置くようになったのでしょうか。応募者の中には医者、弁護士など専門職の人もいるそうです。橋下徹《とおる》の名のもとに集結すれば何かできそうでは、「維新の会」も民主党ブームのようにすぐ消えてしまうでしょう。

細川《ほそかわ》内閣、先の政権交代、そして維新の会。その都度私も懸けたい気持ちはありました。けれど、一団体や個人に、過度な期待を持つことのもろさを十分学習した今、世論の源は自分達だと言い聞かせています。

◇公務員と入れ墨

橋下大阪市長が市職員に発した「入れ墨をしたければ民間企業に行け」の発言を私は支持します。公務員とは本来、パブリックサーバント、公僕です。身を粉にしてより良い市民生活のために働くプロであってしかるべき、税金による給料はその対価です。それなのに一一〇人もの職員が堂々と入れ墨を入れていたことが、表現の自由で許されるのでしょうか。

日本では長年、入れ墨は反社会的勢力の象徴でした。それを誰もが社会通念として認めるからこそ、公衆浴場、プールなど肌を露出させる施設で入れ墨を入れた人は立入禁止なのです。入れろと主張しても通らない国に私達は属しているのです。

ところで個の権利を重んじる英国で入れ墨は問題になりません。その一方でこんなことがありました。

宗教上の理由からターバンを外せないシーク教徒が、ターバンを巻いたままバイクに乗るのだとデモを行ったのです。結果、国もターバンをヘルメットの代用物と認めました。イスラム女性の体を覆うブルカも時に物議をかもし出すものの受容されています。宗教、文化的差異は基本的に認められます。それが多民族国家の核となるのです。

大阪市職員の入れ墨は個の自由というにはあまりに軽いノリ。接客にあたる従業員の身なり一つで利益が左右される民間企業は、入れ墨を受け入れません。それほど仕事は甘くないのです。税金という原資に守られ、社会通念をなめてかかっては困ります。

◇今、言わなければいけないこと

ある新聞のコラムで、石原慎太郎《いしはらしんたろう》東京都知事（当時）の尖閣諸島を購入する発想にほっとしたと書いたら、賛否両論でした。文字数の関係で最後に加えた一文は、確かに唐突感もあったでしょう。けれど、「熟慮し」「議論を尽くし」「購入を検討せよ」とは書きたくなかったのです。

イエスともノーともとれない話し方は、責任逃れの常套《じようとう》手段です。先に結論から話す欧米人は、日本人の話は長く、何を言いたいかわからないといいます。あっちを立て、こっちを気遣い、自分の身を守るうち、言葉は都合良くどうとでも解釈できる玉虫色になります。はっきり言わない方が何となく品があり、示唆に富んでいるように見え、女性著者の場合は好印象ともいわれます。確かにテレビを見ていても、当たり障りのない発言をするコメンテーターが増えた気がします。

趣旨をぼかし、イメージ先行の風潮が根付いたためでしょうか。

たとえばジェネリック医薬品を推奨するテレビCMも、ジェネリックの説明が乏しいと感じます。多くの人は医師や薬剤師に尋ね、その意味を初めて理解します。私もそうでした。

高いCM料を払うのに「特許が切れたため、従来の薬と同じ効果で安い」と、なぜ具体的な説明をしないのでしょうか。

今、国民はこの国で起きていることを、どう捉《とら》えればいいかわからなくなっています。そのための判断材料は多い方がいいのです。

知識より率直な意見を発することは識者やメディアの責任でもあると思います。

世界の果ての日本の存在は、海外に出るたびに、より鮮明に刻まれてゆく。

第2章

人生を愉しみ尽くす工夫

新しい体験、ピクニックコンサート

２０１０年８月12日〜15日

８月12日（木）

これから、ロンドンだ。今回は、六月にイングランド東部の街リンカーンのアンティークフェアで購入した、五脚で一二〇ポンドのエドワーディアンの椅子を修理屋から引き取る。ＬＤＫには、すでに前オーナーから引き取ったテーブルセットもある。小さなスペースに二つはきついから、捨てる家具を見極める旅。そして撮影。ロンドンは八月にもかかわらず一五度くらい。寒いらしい。

それにしても、成田はお盆で人の多いこと。新品の靴とポシェット斜めがけの人達は、皆どこに行くのかなといつも思う。

六月以来のホーリーロウ（私がロンドンに買ったフラットのある建物の名前）。夏のハムステッドのまばゆさ。

家を購入した頃のことを原稿に書いているせいか、昨年の不動産探しのことを思い出す。我が家に帰ってきた。ここが、地球の反対側の私が戻ってくる場所になった。

テーブルには花束とフルーツボックスがある。嬉しい。NW３エリア（ロンドンのポストコード。北西部の一つ）で手広く不動産を扱う日本人経営者——私達は「ドン」と呼ぶ——からのプレゼントだ。

ミモザとオレンジのバラのブーケは本当にきれい。

細長い花瓶に合わないことが残念と思いつつ、キッチンで生ける。

夜は地元ヒースストリート沿いの店でスパゲッティ。

それにしても、イギリスの静かなレストランは、人々の小さな話し声と食器がカチャカチャ響く音のみ。

日本でレストラン、カフェ、喫茶店に入るたび、何度「耳が悪いので音楽のボリュームを下げてください」と頼んだことか。スタバでも、ミスタードーナツでも、うるさいBGMの中、人はそれに負けじと大声でしゃべる。そこに座る時間は仕事で疲れた後など拷問のよう。大音量の音楽が客サービスのつもりなのか。

イギリスのあらくれパブなども近寄ることができない。こんな個人経営の小さなレストランは、静かな所が多くて音にあらがわなくていい。ほっとする。

8月13日（金）

夜中の三時に起きた。時差ボケだ。また睡眠不足。今回取材に同行している私の会社の部長が「g」にクロワッサンを買いに行ってくれる。大急ぎで食べ、九時三〇分目指してNW3エリアのドンの所に行く。ところが、行き違いで外出したと秘書嬢。でもとんぼ返りしてくれるそうだ。多忙な会社の社長なのに、なぜこの人は私達に時間を提供してくれるのだろう。しかも、いつもこちらに合わせてくれる。部長もすっかり彼のとりこ。尊敬の眼差しで話を聞く。話は面白く、秘書嬢を交え一時間ほど話す。ロンドンの高級住宅街、スイスコテージの家を、買った一年後に売却して一〇〇〇万円以上の儲けが出たとか。

今年もイギリス政府が推奨する「Buy To Let（賃貸目的の不動産売買）」へさかんに投資している。単なる自慢話じゃなく、ぐいぐい引き込まれる。これも彼の魅力だ。

ドンは私の銀行の件で心配してくれたそうだ。付帯サービスも利用しないのに年会費が毎月二〇〇〇円も引き落とされていたから。

前作に共感してくれた秘書嬢は、次の本が愉しみと言ってくれた。

ドンの会社に来る時は緊張するが、彼らが私のロンドンでの人間関係から消えることは考えられない。会うたび緊張がほどけて「同胞よ！」と言いたくなる。

日本人はみな同胞なのだ。イギリスでは。

雨の中ハムステッドへ戻る。一日中取材だったのでクタクタだが、洋服を見に「HOBB2」に立ち寄る。いつもの店員と話をすると、今日はセール価格より更に割り引く日だという。

ホーリーロウに来ると、ここで買い物をしたくなる。ハムステッドNW3からスタートした「HOBB2」。チェーン店となったが、この店に来ると、自分もこの街の住人になったと思える。自分の気持ちを確認するための店。それがいい。

夜、部長がスーパー「テスコ」から玉ねぎを買ってきて、恒例の辛ラーメンを食べる。

六月にはおなじみのスタッフ、ヨシとマモルもいた。ホーリーロウには皆で買いためた辛ラーメンのストックが山ほどある。

東京での疲労が一気に噴き出して、泥のように眠る。が、また夜中の三時に目が覚めて、「HAMPSTEAD LIFE」などのフリーマガジンを眺めては、原稿を書く。

それにしても、一〇億円単位の夢の御殿まで次々に登場するこの雑誌。自分が油田でも手に入れない限り手の届かない豪邸の写真にため息が出る。

8月14日（土）

こちらに来て、早朝の仕事が日課となった。

入眠剤のメイラックスが今回効かないのはなぜ。今までは時差ボケを一日で調整していたのに。今までずっと脳が興奮していた余波なのか。

六時に起きて、原稿を読みはじめる。気になる部分を直していくと、あっという間に時間が過ぎる。

部長はいつものように「g」にクロワッサンを買いに行く。

前回までは早起きしてスタッフ皆でお店へ出かけて食べたが、ホーリーロウでコーヒーを淹《い》れてキッチンテーブルで食べる方がずっとおいしいと気付いた。窓越しに朝の景色も見えるし、動き出す静かな活力に満たされていく。

掃除をしたり、洗濯したり、何かを食べていると、ここが吉祥寺の家のように思えてきた。前までは旅先の家だったけど、今は命が吹き込まれた私の家だ。

家の中で繰り返される毎日のリズムが心地良い。

不動産会社のジェインより電話が入る。前の住人が残していった家具について、どれを処分するか決めないといけない。


ドンへの「ロンドン住宅事情」のインタビュー二回目。いつもの一〇時は先客ありということで、一二時のアポを目指し準備するも、ドンに一時半にしてと言われほっとする。支店を回るドンは土曜日も日曜日も一人オフィスに出ているらしい。会社のトップが人一倍働き者で、人一倍向上心にあふれている。

何とか質問をまとめ、一時間仮眠。その後部長とあちこち撮影。

今日、ケンウッドハウス前のなだらかな芝生で行われるピクニックコンサートに行くため、チャリティーショップ「OXFAM」で、帽子を調達。

その時、昨日「HOBB2」にクレジットカードを忘れたことに気付くが、連絡したらちゃんと店員が取り置きしていてくれた。「良かった。取りに来るのかしらと心配してたの東京でも、私のおなじみさんは三鷹《みたか》の農家、「よしの」だけだ。
ふと、この店がおなじみさんになるのだろうかと思った。
で買うし、特定の店員さんと仲良くなる術《すべ》も知らない。
考えてみると、ロンドンで、私はなじみの店（洋服屋さん）を持たない。あちこちの店
よ」と、いつもの店員さん。

ハムステッド駅前のヒースストリートが工事中のため、電車は使わずタクシーでドンの
会社へ。アイアンゲートが閉まっているのを初めて見た。リモコン式の刑務所のような
居丈高なゲートは以前はなかったもの。
この国はすべて「自己責任」だと、泥棒に入られたドンは言う。
私もホーリーロウにセコムを入れた。通りから目立つセコムのステッカーのみで、侵入
者が防御できるかはわからないが。
ドンの会社に併設されたホテルは満室っぽい。すごいな、商売上々で。
ドンは自分のことが取り上げられた新聞の切り抜きなど、資料をたくさんくれた。
約一時間話した後、「g」のクロワッサンを手土産に渡すと「もう気を遣わないで」と
困り顔をして、「これを持って行け」と、上等なシャンパンをくれた。

クロワッサンVS高級シャンパン。

部長がお腹がすいたと言うので、「グリーンコテージ」でダックオンザライスと、ブロッコリーオイスターソース炒め、コーンスープを注文して二人でシェア。

ここはドンに一度ごちそうになった店だ。ドンの好物を私達も大好きになった。

ホーリーロウに戻り、タクシーでハイゲイトビレッジへ。

丘の上の村、ハムステッドに似た景色は、画家のPに会って以来、憧れの地となった。あいにくの大雨でも、街はどこかの片田舎のようで、通りの向こうに大ロンドンが見渡せる。ここは丘のてっぺんなのだ。小さな商店街を通ると、雑貨店の店主が、商いを忘れて幼い娘と遊んでいた。

売っている物がとても少ない上に、ほとんどセール価格。

「Ness」の長靴を一〇ポンドで買う！　紺色ベース、ピンクのチェックのデザイン。マイサイズの一足のみ。コンサートにはこれを履いて行こう。

ハイゲイトの真ん中に「ハイティー」というティールームあり。とても流行《はや》っていた。

薄いピンクのインテリアが印象的なかわいい店。

クリームティー（紅茶とスコーンのセット）をいただいたが、クロテッドクリームがとてもおいしい。なめるわけにいかず、スプーンでこそげとるように食べ尽くした。

子どもの頃の日曜日を思い出す。人もまばらな切ない風景。

深く静止した石の住宅街。細々と続く商売の気配。

マルクスの墓があるハイゲイト。ここのビレッジは人里離れた感が強い。なぜだろう。


バスでカムデンタウンに行き、撮影。

人が少ないと喜んでいたら、すでに夕方の六時過ぎで露店がどんどん閉まっていく。あわてて地下鉄でハイゲイトまで戻り、タクシーでコンサート会場のハムステッドヒース北側にあるケンウッドハウス近くの入口を目指す。

ノーザンライン、ハイゲイト駅。さっき見たビレッジと大違いの駅前は、排気ガスの臭いが幹線道路に立ち込めるほど殺風景であった。


たどり着いたピクニックコンサート会場は、入口から警備員がたくさん。皆、ハンパーバスケットやブランケット（雑貨店やデパートでしか見たことなし）を持って、会場へそぞろ歩いている。長靴や、ブーツを履いている人も多し。雨上がりで道がぬかるみ、

ハイゲイトビレッジにある「ハイティー」外観。

昼間格安で買った「Ness」の長靴が大活躍。

初めてのケンウッドハウスは写真で何度も見ていたので感激（映画『ノッティングヒルの恋人』でもおなじみ）。

建物の向こう、なだらかな丘陵を下りた所に屋外ステージがあり、背後は池。それを取り囲む大勢の人々。夏を愉しむイギリス人の情熱が燃えたぎっている。

部長は場内を歩き回り皆のピクニックディナーを撮影。食器にハムやサラダを盛り、ボトルワインを開け、カップルはブランケットに寝そべってコンサートを聴いている。家族連れは、音をBGMにしゃべっている。

雨は上がり、ヒースを抜ける風は水のようにひんやりとしている。

撮影で駆け回る部長をチラチラ見つつ、私はBBQコーナーに並び、チキンロールとコーラを買う。


たくさんの仮設トイレにはトイレットペーパーもあり、消毒液もあった。そのきれいなことに驚く。ごみ箱もたくさん設置されている。日本の公園と大違い。

高価な服を着たロンドンの金持ちがやって来ても耐えうる野外コンサートは、こうでなければ。基本的設備やイベントの品格の違いは、人生を愉しみ尽くす能力の差か。

コンサートを愉しむというより、音楽付き、夏の夜のピクニック。ボトルワインやハム＆チーズなどバスケットの中身が気になる。

いわば、遊び上手な人と遊ぶことに興味のない人では、「何かをして愉しめ」となっても、発想そのものが違うのではないか。あるいは、屋外を愉しむ西洋人のDNAか。日本の祭りとも違う。公園を中心にした、四季折々の風物詩的イベント。そこに絡むアーティストの収益、そして捻出されるケンウッドハウスなど文化財の維持費。みんな一つの輪になって、幸せなお金が社会でクルクル循環している。

最前列のデッキチェアはキャンセルか、誰かがホールドしているのか、空きが目立った。チケットを買えなかった男性が、当日券が欲しいと必死にチケットボックスで頼んでいたが、断られていた。「Sold out（売り切れ）」って本当だろうか。ともあれ、ドンが言っていたイギリスの素晴らしいものの一つ、サマーコンサートが、ハムステッドでも開催されていたことが嬉しくてならない。音楽そのものはまあまあだったが、新しい体験に身震いする。

終了後にヒースを抜けて帰ろうと部長に提案するが、真っ暗で迷う可能性ありと、警備員にも反対される。結局バスでゴルダーズグリーンに出て、そこからタクシーで帰る。途中、ヒースの切れ目に「The Spaniards Inn」というパブあり。部長が撮影したいと言うが、明日、道に迷わず来られるかどうか。時間が走り去って行く。夕食は諦め、早朝撮影にそなえて休む。一二時。

八月なのに寒いし、洗濯物が乾かないためセントラルヒーティングをつけて寝た。明け方、寝苦しくて窓を開けると、ヒースの風が入ってきた。ザワザワと海の音、樹海のさざ波。

もうすぐ鳥が鳴く。その前に少しでも寝ておこう。

8月15日（日）

よく眠れず朝四時に起き、原稿を書く。今日は帰国までの束の間の自由時間。コミュニティーマーケットでは古本&骨董《こっとう》フェア。「ジグソー」に立ち寄り、セールを見るも、飛行機の時間が近づく。あわててホーリーロウへ戻り、部屋の片付け。せめて掃除機をかけたかったと後悔する。今度来た時はゆっくり掃除したい。それが愉しみだ。

前回、父達をすっぽかしたドライバーが迎えに来た。部長はどんどんトランクを荷台に積み込んでゆく。
こんなに美しい夏の日を両親にも見せたかった。
何とか、私の巣作りは終了したんだから。
ハムステッドの二度目の夏が終わる。来るたびに日本との距離が縮まる。
今やロンドンは、私にとって大阪くらいの距離感になった。
帰る瞬間、もう次の予定を考えはじめている。

ウェールズの素朴なクリスマス

２０１０年12月17日～30日

12月17日（金）

成田↓ヒースロー↓エジンバラ。

憧れのビジネスクラス。マイルが貯まったので、エコノミーをアップグレードして一三時間のくつろぎを得る。飛行機嫌いの私が、あと一〇時間乗っていたいと、到着を惜しむなど、一〇年前は考えられなかった。

片手に読みたかった本、目の前には観たかった映画。真っ暗な機内の方々から聞こえる静かな寝息に癒《いや》され、自分の時間に戻って行く。

電車で面白い本を読み始めると、降りる駅が永遠に来なければいいと思う。では何時間くらい電車に乗れば満足なのかいつも考え、疲れるまで、と思う。電車で本を読み続けることほど幸せな時間はない。飛行機はそれがかなう。

ホーリーロウをリフォームしてもらった大工パラブの妻ラニも、飛行機が大好きと言ったっけ。

ヒースローで乗り継ぎ、エジンバラ空港へ。大寒波のヨーロッパ。外はマイナス一〇度。ヒルトンエアポートホテルにて、シェットランド（スコットランド北東の諸島）から娘を訪ねてきたという、ニット会社を経営するドリーンさんと待ち合わせ。

大雪のため私が来られるかどうかわからなかったので、日本にセーターを送ったという。行き違いで見ることができなかった。

老齢の女性らしくとてもゆっくりしたテンポ。核心に触れる話をもっとしたいのに会話がつながらない。ニットは素晴らしいのに、本質に迫る話が聞けず、通り一遍のインタビューに終わってしまった。

経費を安く上げるため、商品パンフレットのモデルに娘を起用し、撮影は孫、というのが面白かったけれど。

オークニーと同様に、シェットランドもクラフトで個人や地域が景気対策をしている。いつも私はイギリスで、深い考えや、違う価値を求めてさすらう。

イギリスに来るたびに、それは普通の人の中に潜んでいると感じる。

12月18日（土）

レンタカーを借り、同行スタッフと終日カシミア街道一帯の取材。

12月19日（日）

面白い古書店があるというピーブルズの街を諦め、大雪の中空港へ。雪のため時間通り飛ぶはずがないとタカをくくって、スタッフと写真チェックに夢中になっていたら、ベルファスト（北アイルランドの首府）行きの便に乗り損なってしまった。キャンセルだらけのフライトスケジュールで、唯一飛び立った便をみすみす逃すとは。夜半まで待ってみるが、その後飛行機は飛ばず。一一時にバスでエジンバラホテルに戻る。エジンバラ空港のアナウンスは尋常ではなかった。

数時間に及ぶ「Please wait for the information（案内をお待ちください）」の表示。そして次に見た時に、表示はすでに「gate closed（搭乗終了）」になっていた。あわてて手荷物検査を受け、搭乗口まで走って行った私達は大パニック。

わずか一五〜二〇分の出来事。まるでフェイントをかけられたようだ。アナウンスに慣れている日本人にとって、静かな空港は心地良いが、出発案内を絶えず見ていないと、置いてきぼりになると初めて知った！

乗り遅れた乗客が荷物をピックアップする四番のベルトコンベア（luggage）は人だかり。私と同じく油断していたのだろう。

それにしても、これだけ欠航便が出ているのに、誰も怒らないのはなぜ？　急ぐ人がいないのか、イギリス人の国民性か。日本人より待つことに慣れているのはなぜなのだろう。空港や駅でその忍耐力にいつも驚く。

マンチェスターでマイナス七度。ロンドン、エジンバラでもマイナス一〇度と寒波の勢いはとどまらず、クリスマスプレゼントを買う人々を足止めしているそうだ。ヒースロー、ガトウィックなど、ロンドンの空港は軒並み閉鎖。クリスマス商戦真っ盛りの英国で、この雪による経済打撃はマイナス二〇〜三〇パーセントとかなり大きい。クリスマスカードも届かず、オンラインで買ったクリスマスプレゼントも出荷できないというニュースばかり。何より、クリスマス前に、空港で足止めされている疲労困ぱいの人々に深く同情する。

エジンバラ、ヒースローなど、全英の空港がマヒし、連日里帰りできない乗客がテレビに映し出されていた2010年。

私達は万が一のために、安いホテルを予約しておいたのが幸いだったと思うしかない。

12月20日（月）

やっと飛べた。エジンバラ→ベルファスト。宿の息子がエアポートまで迎えに来てくれ、三〇分でニューカッスルのB＆Bへ。やっとたどり着けた安心感の中、あらわれたモンスターママのような女主人にタジタジ。何も書けず。

12月21日（火）

B＆Bを出発して大雪のダブリンへ。運転手はケンブリッジそばで生まれたピーター。二一年前北アイルランドに来たそう。建設会社に勤め、ドバイなど中東に駐在した輝かしいキャリアの持ち主。今はドライバー。
三〇年前に妻をガンで亡くし、一五年前に再婚した二度目の妻もガンを発症という。
久々のダブリンは物価が高い。空港でハムサンドとコーヒーを頼んで一二ユーロ、約一四〇〇〇円もする。

「だから、ダブリンの人は物価の安いベルファストまで車を飛ばし買い物に行く。アイルランドの通貨がユーロになって物価はメチャクチャだ」とピーターの話は尽きない。

大雪の中、一六〇ポンドでリネン工場に寄って、ダブリンまで往復してくれた、七二歳の強者《つわもの》。昼のダブリン行き電車に乗り遅れたこともあるが、雪深き帰路を考えるとピーターの車で行って良かったと思う。

「高速料金所の姉さんはリトアニア人。ダブリンはロシア人、ポーランド人など移民だらけ」とピーターは言う。一年前、パスポートの提示は必要なくなったが、と。

地図より「人に聞けばわかる」とマイナス一四度の街にセーター一枚で飛び出して道を聞く超アナログ派。若い。多分、人生とか、仕事とか、くよくよ考えない人なのだろう。ナビも持たず、一〇年前に来ただけの見知らぬ街、大雪のダブリンに乗り込み、窓を開けては目的地の名を「テンプルバー！」と叫ぶ。

大雪にもかかわらず、声をかけられた通行人は皆、車の窓に近寄り道を教える。その中の一人、吹雪が吹き付ける中、ていねいに答えてくれた一八歳の少年の誠実さに驚く。

最後に道を尋ねたイザベラはポーランド人大学生。ピーターが、「どこに行くんだ、乗って案内してよ」と言うと、OKと車に乗り込んできた。

彼女とピーターの会話。

「ダブリンはポーランド人や、チェコスロバキア人が多いな」

「違うでしょ。チェコとスロバキアは今は別よ、チェコ&スロバキアよ」

彼女の利発さと物怖《ものお》じしない主張に目を見張った。東欧への正しい理解はこんな会話ににじみ出る。


テンプルバーは、中世から受け継がれた石畳の小道が今なお残る一角。

イザベラは、ダブリン最大のショッピングセンターに車を誘導すると、「いい店があるからまず、トイレに一緒に行こう」とハッスルしている。

私とスタッフとピーターを一軒のアンティーク店に誘うも、ピーターは大雪を避けモールに残ると言い張り、私達三人は雪の中を歩いた。道案内を引き受けた上、良い店まで教えてくれるとは。

ポーランドの食材を買って、大好きな料理を作るところだったというイザベラ。クリスマスにボルシチと三種類のケーキを作るという彼女は、できればポーランドに帰らず、アイルランドに住み続けたいと言った。

ダブリンのショッピングセンター「STEPHEN'S GREEN」でピーターと。ストリートには老舗コーヒー店「Bewley's」がある。

異国の暮らしを謳歌《おうか》しつつ、年に二回ポーランドに帰省する彼女。大雪の中、私達をあちこちに案内してくれた後、食材を買いに行くと別れた。

「料理が大好き」と言った二〇代の初々しさ。

着古したジャンパーに、ウォーキングシューズ姿の、優しく、行動的な彼女に感動する。

メールで今日の写真を送ってと言われる。


B&Bに戻る道。フロントガラスは大雪に覆われ何も見えず、大渋滞。

ピーターはイラつきもせず身の上話を始めた。妻と二人の生活費は、毎月三五〇ポンドの年金——日本円で五万円弱か。

歯とメガネは有料だが、医療費は無料。だから何とかしのげる。犬と共に毎日二マイル歩く。それが若さを保つ秘訣《ひけつ》という。

恐ろしい豪雪。高速を横滑りする車。今晩中に宿に帰れるか不安が募る。

「絶対大丈夫。責任持って送り届けるから」と頼もしい言葉。雪に閉じこめられたダブリンを一刻も早く出たい。


やっと、宿に到着。「また明日空港まで送るよ。君達に明日プレゼントもしたいし」とピーター。けれど、たどり着いたB&Bには女主人が仁王立ちで待っていた。「明日はいいわよ。うちの息子が送るから」と大声で怒鳴る。ピーターはひどく傷ついた顔をして去っていった。

景気の悪い北アイルランドの海辺の街、ニューカッスルで客の奪い合いか。女主人はもと、シャワー、バスなど販売する建材メーカーのマネージャーだったとか。アレンジするのが得意なのだと自慢するが、今日一日分の温かいふれあいが粉々になった。

旅で出会う人には、いつも過度な期待をかけてしまう。いい人、興味深い人であって欲しいと。

それは、旅の途中だけ。帰国した後、必要な思い出だけが記憶に残る。

宿を抜け出して、深夜ニューカッスルの静まりかえった街を歩く。キャンディーの入ったビンを陳列しているキャンディーショップで絵ハガキを買い、街はずれのイタリアンレストランに行く。マッシュルーム、玉ねぎ、赤唐辛子、にんにくのスパゲッティを作ってと頼んだら、日本でも食べられないようなおいしいスパゲッティが出てきた。

さびれた労働者階級のホリデータウン、北アイルランドのニューカッスルは、テレビドラマの舞台のようで、しみじみといい所だと思った。

ピーターから携帯に着信があった。かけ直すと「明日は本当に大丈夫だよ。飛行機は必ず飛ぶ」と長々と私達を気遣ってくれた。女主人に追い払われたのに、そのことには触れず名残惜しそうに。

「シーユー」と言うとピーターも「シーユー」と言い、「バイバイ」と言うとピーターも「バイバイ」と言い、電話はなかなか切れなかった。

12月22日（水）

ベルファスト→ロンドン。

テレビで天気予報を見た後朝食。朝から海で撮影をしていると、女主人の息子、ギャリーが来る。

やっと空港の閉鎖解除。「今日は飛べるわよ」と女主人。

「早々と飛行機で帰らず、ここにいて良かったでしょ。自分は客の望むことをかなえるのが好きなの」と言った。

彼女が四八歳と聞いてびっくり。私より年下だったのだ。道中、女主人の息子ギャリーと話をした。金土日と週末、ディスコのドアマンをする彼の日給は七〇～八〇ポンド（約九一〇〇～一万四〇〇〇円）。私達の空港までの送迎が六〇ポンドというから、宿泊客の送迎は稼ぎになるのだ。

ロンドンには二回行っただけ。自分は田舎者で、ベルファストやロンドンには絶対住めないと話す。

クリスマスはファミリーデーでみんなで話したり、ゲームをする。

この生活が自分に合っている、と。

どか雪の残る空港でひたすら掲示板を見て待つ。

突然「go to gate」と、搭乗案内のボーディング表示が。ガトウィックまで飛べる！

それにしても、表示からファイナルコールまでわずか一〇分しかない。

アナウンスも一回流れただけ。ああ、自己責任の国。

再び昨日の運転手、ピーターからスタッフに電話が入る。手紙を送りたい、ファックス番号を教えてと言われているようだ。

何度も携帯でやりとりしている。彼の気持ちが嬉しく、切なかった。

飛行機が真っ白な大地を飛び立った。やっとロンドンに戻れる。

ガトウィック空港でホーリーロウまでのタクシー代を聞くと一一五ポンド！　飛行機代約八〇ポンド（荷物込）より高い。急行列車でビクトリア駅まで戻ることにする。突然、湧き出でたるビクトリアの喧騒《けんそう》。

列車を降り、タクシーでホーリーロウまで戻る。部屋は暖かく、テーブルの上にはアルカポーネ氏の秘書嬢らからワイン、チョコレートとカードが届けられていた。こういう心遣いは何度でも嬉しい。

ホーリーロウの、レモンと野の花が入り混じったような匂《にお》い。ほんわかと温かで清潔なカーペット、そしてベッド。

この家がずっと自分を待っていてくれたようで、やっと自分の中心にたどり着く。

鉛のような荷物を下ろし、ヒースストリートに日本食（うどん）を食べに行く。寿司《すし》職人の板前さんの真剣な表情を眺めつつ食べたきつねうどんは、日本のものより出汁《だし》が甘くおいしかった。

明日からウェールズ入り。

港街カーディガンにあるエコファームと銘打つ宿「ノースロッジ」のジェーンと電話でやりとりして、車での送迎を頼む。

我が家でたっぷりの湯につかり、自分の石けん、シャンプーを使い、洗濯物をリビング、バスルーム、寝室のセントラルヒーティングのパネルに干して回る。

ここにずっといたい気もする。でも、未知なる人に出会うため、無理をしても出かけたい。戻る場所があるのだから。

12月23日（木）

ロンドン↓カーディガンへ移動。六時起きで、パディントン駅に向かう。チケット売り場には、以前にとても感動した、接客態度とスピードナンバーワンの係員がいた。その青年に「前にあなたの接客を素晴らしいと思ったの」と伝えると「パディントン駅に一〇年間勤めているが、ほめられたのは初めてだ。とても嬉しい、ありがとう」と顔が上気していた。

四〇代半ばから思ったことをすぐに言うようになった。気になることは確かめるし、見知らぬ人でも素晴らしいと思えばその一〇倍の力を込めてほめる。そのたびに自分も相手も幸せな気持ちになる。

七時四五分のスウォンジー行き電車はチケットが高く、一本後にずらせば五〇ポンドで乗車できるが、時間を優先するため、倍の料金を払う。

突然、日本での雑誌の売れ行きが頭を過《よ》ぎる。海外にいる以上、静観するしかない。すべては来年からのことだが、帰国するとやることが詰まっている。考えると、ひどく焦る。

乗り継ぎ駅に迎えに来てくれたジェーンは、とても太ったニューエイジ系の女性。いや、ヨークシャーで出会った農家の女性のようだ。

犬の臭《にお》い、脱ぎ捨てた靴。窓の閉まらない車の汚さに驚く。途中、小さな村の肉屋（ブッチャー）に立ち寄り、クリスマス用の肉やジェリーを買う。

また後でね、と降ろされたカーディガンの街は一本のハイストリートに店が密集していた。期待していたアーツ&クラフトギャラリーも今ひとつ。

インドアマーケットなどあるものの、スコットランドのボーダー地方を見た目にはもの足りない。

タクシーを呼んでもらい、宿に入る。各部屋は木の床で冷たい。普段、客には部屋で食事をさせるというが、私達は彼女らのキッチンに入れてもらえた。ジェーンとチキンカレーを作り、食べる。沸騰した鍋に米を入れると、あっという間にご飯が炊き上がる。

ご主人のマーティンとジェーンは、話してみれば、ごく普通の人。というか、物事を深く考えないのんきな人達のようだ。私達のことや取材のことも気にとめず、明日街で開演されるパントマイムのことなど話している。

ソーラーシステムの湯が出ないため、彼らのバスルームを使用することに。エコファームのエコとは、暖房その他の設備のことらしい。しゃれたオーガニック宿を期待して来たこちらとしては少々がっかりしたが……。

ロンドンの家をひたすら想《おも》う。自分のペース、自分の清潔感、部屋の空気までが、これまでは遠い日本にあり、イギリスではどんな不便な家でも諦めがついた。けれど、ロンドンに家を持ってからは、イギリス中どこにいても国内旅行に来ている感覚。ホーリーロウにとても帰りたくなる。

12月24日（金）

セントラルヒーティングが切れて、朝八時頃まで寒く、毛布にくるまる。

やおら起き出しジェーンの料理を見ていると、とにかく油が多く、大量の油でトマトを揚げ、卵も油の中に落とし入れて、その上から更に油をかける。彼女の太った体形を見て、この料理なら仕方がないかと思う。


タクシーを呼び、丘の上にあるというモヘアのワークショップへ。凍った山道を進み、丘の麓《ふもと》から手作り感あふれる工房兼ショップへ。

ピンク色にペイントされたファームハウスの愛らしさ。自分の農家でモヘアの取れる山《や》羊《ぎ》を飼い、その毛糸を紡いでセーターを作っている。セーターは夏にほとんど売れて在庫が少ないというが、このような所で商売が成り立つことそのものが驚きだ。

八六歳のおばあさんが編んだという青いモヘアのセーターを買う。染めも彼女がするようで、ブルーは緑が混じり、赤はチェリーピンクが混じった感じ。ビビッドな発色がとてもきれいだ。

昔はチャリティーショップにも手編みモヘアのセーターがたくさん出回っていたが、最近は見かけない。ニットを発想して、ビジネスを起こす人は多いのに、編み手が見つからないらしい。

それにしても、八〇代の女性が手仕事をして収入を得ているとは！　日本女性の平均寿命は世界一だが、本当に長く生きているのはどちらだろうか。イギリスに来るたびに考えさせられる。


カーディガンの街へ戻り、息子と老母が経営する古いカフェでふにゃふにゃのチーズマカロニを食べる。

一息ついて、この街のニューエイジ系、エコショップのスーに話を聞きに行く。

「何かをはじめるのよ、地球のために。平和と家族が第一よ」。母親はエコ運動の親分となり、母屋に住み、周囲のバンガローを他人と身内に貸してコミューンを形成しているらしい。

見るからに、グラストンベリー（スピリチュアルで有名な町）あたりにいるような女性。毛糸の帽子をかぶり、ザックリ編みのセーターを重ね着している。着古したスカートは母親譲りだ。しばらく話して、次回、母親の家を見せてもらうことにする。くったくないが、私とは一八〇度違う世界の住人。

夕刻となりジェーンがチケットを取ってくれたパントマイムを観に街の劇場に行く。王子と、お姫様と、愚か者と、子どもと、ゲイが登場する「モンティ・パイソン」の世界。ハンサムなパパ、美しきママが、モデルのような子ども達を連れて観劇にきていた。前の席の若い父親が娘にイチイチ劇の内容をかみくだいて話す様子にカンドー。王子役の美人女優のクールさにカンドー。

この素朴な、手作り感の漂うイベントはいかにもイギリス的。

そこにジェーンが蝶《ちょう》になってダンスをしながら登場したのだ！　あっけにとられた。キラキラ光るラメを顔中に塗って、マントを着て舞台をクルクル回る。

人生を謳歌して何でも愉しむ四〇～六〇代のイギリス女性には、いつも一本取られたと思う。

出口で待っていたら、興奮したジェーンがキラキラさせた顔に、満面の笑みを浮かべあらわれた。

凍った山道を戻る道すがら、夕飯はハンバーガーだというので、和食を作ると提案。野菜の天ぷらカラリと揚がらず。あまり上手にできなかった。ズッキーニは、おいしいご

カーディガンのパントマイム。向かって右手がジェーン。役者の大半は地元の住人。

ま和えになったが。

資料整理、原稿書き、モルトワインを飲んで寝る。私の前に座っていたハンサムな父親が、小さな娘にキスをしたり囁《ささや》いたりする姿が頭から離れない。

12月25日（土）

ウェールズのクリスマスデー。マイナス一〇度近い。暖房が朝九時になっても入らない。凍えそうだ。また、またロンドンの我が家を思い出す。いかん、いかん。

真っ青な空。快晴。スタッフはマーティンと畑やソーラーシステムなどを見に行った。その後、私も畑に出る。

マーティンの夢、キャンプサイトを作るまでの長い道のりと、木の囁きまで聞こえるようになったという彼らの神秘的な生活体験を聞く。

宿に戻ってコーヒーを飲み、やおら七面鳥料理作りを手伝う。

スタッフィングにするオレンジやレモンなど、丸ごと果実がおいしそう。オーガニック七面鳥は近くの友人が営む農場から買ったとか。

面倒じゃないのかな、日本ではお正月におせちを作る人も減ったのに、夫婦二人でキッチンに立ち、七面鳥のお腹に何を、いつ、どう詰めるか、真剣に検討している。

私達はプロセスのカットを撮りながら、インタビューもしつつで、てんてこ舞い。

七面鳥をアーガ（ストーブ式オーブン）に入れた後、車で愛犬二匹とニューポート（ロンドンに住む金持ちの別荘地）に行き、海で撮影。

その後、近くの遺跡へスタンディングストーンやチャンバー（住居跡）を見に行くも雪に脱輪。スタック（雪の吹きだまり）にタイヤをとられ、シャベルで道の雪をかき、「ノースロッジ」に戻る。マーティンはキッチンでつけ合わせの野菜と格闘していた。

私達もキッチンにはりつき、レシピを記録する。

三時よりエリザベス女王のスピーチ。皆で居間に座り、真剣に聞く。

「クイーンのスピーチは社会情勢の裏側を知る手がかりになる」とジェーン。ウェールズの田舎ではクイーンのスピーチの後、クリスマスディナーをとることが習慣とか。

根菜のパースニップは、熱源を体にため込む優れた野菜。クリスマスポテト、パースニップ、にんじんとスイートポテトのキッシュ、芽キャベツの茹《ゆ》でたものなど、さまざまなつけ合わせが登場。

次にソーセージをベーコンで包んだビッグインザブランケット、スタッフィングボール、七面鳥と即席アップルソースが大皿に山盛りで出てきた。どう見ても二日分の量だ。それにしてもおいしい。ローストターキーにグレイビーソースをかけ、アップルソースとクランベリーソースも更にかける。淡泊な肉だからソースが絡まる。無心に食べても、半分は残してしまった。口惜しい。日本に帰ったら、やたら食べたくなるのに、ここ一番で頑張れないものだ。

その後、ジェーンとおしゃべり。エッグノッグを飲みつつ、彼女自身のことに話が及ぶ。養女もいたようで、過去のある人のよう。

ただのラフな田舎女性かと思いきや、エネルギー研究の権威で博士号も取っている。私が話す横からスタッフが次々にインタビューしたがるので、ジェーンは混乱気味。外はマイナス気温で冷え込みが厳しく、夜はとても疲れる。原稿を書きつつ寝てしまう。ソーラーシステムがエコでも自由に湯が使えないのはイヤだな。

12月26日（日）

ボクシングデー。ジェーンとマーティンが五時半起きをして、マイナス一〇度の中、ウェールズを山越えする途方もない距離をカーディフの街まで送ってくれる。風邪をひき咳《せき》をする二人だが、サンドイッチも持たせてくれた。優しい人達なんだ。コーチ（長距離バス）ステーションには若者がズラリ。シンとした氷に覆われたバスステーション。電車の代わりに動いているのは数台のコーチのみ。九時発ナショナル・エクスプレス、ビクトリア駅行き。見えなくなるまで発車後も、ずっと二人に手を振る。時おり、会社のことが頭を過ぎるクリスマスだった。それが重たかった。

12月27日（月）

ロンドン。ウィンターセール初日。

一月四日から消費税が二〇パーセントになるからと、「マークス&スペンサー（M&S）」に出かけて驚いた。いつものようにカートに山盛りのシャツやスーツを買う人がいない。開店から遅れて入ったのに、まだネクタイもシャツもある。なぜだろう。

その反面、一番人気のデパート「セルフリッジ」は大盛況。昨日イラン人のタクシー運転手に、「今日、中国人グループを三回もセルフリッジに運んだ。いったい彼らは何なのだ。なぜセルフリッジに行くんだ」と聞かれた。

「グッチ」と「シャネル」「セルフリッジ」の大きな袋を持った若い女性は中国人。「クラークス」や「M&S」はEU人。「プライマーク」はアフリカ人。

オックスフォードストリートで数えたところ、通行人の五人に二人が中国人だった。白人系のピュアイングリッシュは五人に一人いるかどうかだ。

老舗《しにせ》紳士服店の並ぶジャーミンストリートや「フォートナム&メイソン」にも中国人はいたが、まだ少数。「ハロッズ」「セルフリッジ」「バーバリー」とスーパーブランドのある所に寄ってたかってバッグを買う姿を見ていると、バブル期の日本人も同じように驚かれ、嫉妬《しっと》が入り混じった目で見られていたのかと思う。

もう一つ。これだけ購買力があるのに、ロンドンを歩く中国人の中に、目を見張る美人でセンス抜群の子がいないのも不思議。ある時期から日本人や韓国人は垢抜《あかぬ》けた。あの頭一つ突き抜けたオシャレ力が発揮されていない。お金があるのになぜ！

ハムステッドに戻り、スタッフがハイストリートのクレープを食べていたら、通りがかりの男性に「それは何だ、どこで買ったのか」と聞かれたそう。新宿《しんじゅく》か吉祥寺に戻ったようと笑っていた。

夜は経費節約のため辛ラーメンを食べる。久々に食べると辛過ぎて、残す。前はとてもおいしかったのに、なぜなんだろう。

12月28日（火）

久しぶりの小雨。大寒波が過ぎ、生暖かなロンドン。

朝起きたら、セントラルヒーティングに干していたシャツに穴があいていた。熱で焼けたようだ。

我が家に戻って、毎朝四時過ぎに起きて原稿を書いている。留守していた間に、生気をなくした部屋の空気を立て直すため。

鳥の声せず。ホーリーロウらしくない冬。

帰国が近づくにつれ、来年の予定、自分の仕事について考えている。

集中したいのにできない環境は変えていかなくてはと思う。

今回もたくさんの人に会った。貴重なテープや、メモや、写真を少しずつ整理しなければ。

アンティークマーケットで有名な街、ポートベロロードで「トーフグリーンカレー（タイ料理）」のランチを済ませ、「フォートナム＆メイソン」「セルフリッジ」に戻る。人ごみに酔うというより、人ごみに飲み込まれ、生気を吸い取られる。午後七時を過ぎても大混雑の「セルフリッジ」に足を踏み入れるのは勇気がいる。

大荷物とカメラを抱えてハムステッドに帰り、坂道の途中にあるイタリアンに入る。一年ぶりだ。先週訪れた北アイルランドのニューカッスルで、「玉ねぎ、マッシュルーム、にんにく、赤唐辛子、オリーブオイルのスパゲッティを作って」と頼んだら、とてもおいしかったから、ここでも頼む。

結果は大成功。今度からイタリアンレストランでは、これを頼んでみよう。

寝苦しい夜、厳寒から、急に生暖かくなった。

スコットランド、アイルランド、ウェールズ、どこも大寒波はゆるみ、温暖。良かった。

12月29日（水）

九時過ぎ管理会社のモリさん来る。

セントラルヒーティングで、下着のレースが焦げて穴があいたことが気になっていた。

セントラルヒーティングの中はお湯なのに、なぜ焼けたのか。

そういえば明け方、寝苦しくて目が覚めた。

モリさんによると、私達が来る一週間前、再びボイラーのトラブルがあったと。ゴウォンゴウォンとすごい音をたてて動いていたと聞く。この時期、ボイラーの問題が相次いでいるとか。

大工兼電気技師のパラブが来る予定だったのに来なかった。近々、職人と共にホーリーロウを見にきてくれると聞き、変わらぬ細やかな対応に頭が下がる。


室内撮影の後、ハムステッドの郵便局より日本へクリスマスカードを出す。ジェーン宅の返し忘れた鍵も郵送で返す。

曇り空のハムステッドは本当に美しい。何度も歩いた道なのに、絵画を見ているように心にしみ入る。久々に終日一人仕事。ロンドンでは、ほとんどスタッフと一緒だったので、少しこわい気がした。思えばいつも誰かがそばにいる。今に一人で動けなくなるのではと、再びこわくなる。

仕事を片付け、ハムステッドのハイストリートに出る。感じのいいデリカテッセンで、ずらりと並んだ自家製ジャムの品定めに付き合ってくれた女性がとてもチャーミングだった。迷った末にシャンパン入りルバーブのジャムを買う。

その後、一人でトムヤムクンヌードルを食べ（量が多くて後悔したが）、イギリスの田舎町にあるような日用品店に入る。食器やコンセント、アイロン、ＤＩＹ用品まで何でもある。

スパゲッティ用のザルを買い、イタリア製の茶漉《こ》しが一・九九ポンドだったので迷った。前にインド人の店で買ったものは一カ月で黒ずんだので、変色が体に悪くないかと店員さんに相談すると、この手のものは皆そうなるから大丈夫。心配ならプラスティック製のものをと勧められた。

更に迷っていると、でも、今茶漉しを持っているのなら、それを使えばいいですよと言われる。

カウンターには愛《いと》しの変人、ハムステッド在住の編集者ムスタファが作ったらしい小冊子があった。「ハムストニアン（ハムステッド人）」という懐かしのタイトル。一ポンドを払おうとしたら、ローカルショップで買い物した人には無料でくれるのだとか。嬉しい。

ベルサイズパークの書店まで行こうとするが、ロザリンヒルの坂道を往復する気になれず、戻って家の片付けをすることに。

その前にと、目をつけていたダッフルコートを求めてある店に入ったが、狙っていた一〇号（ＳＭサイズ）を試着室で誰かが試していた。残るはＸＬのブカブカのみ。しょげる私に、「あの方が本当に買うかどうか見てくるわ」と店員さんがフィッティングルームにのぞきに行ってくれた。

「やっぱりやめときます」と試着した客に返されたそれを「ラッキーでしたね」とこちらに渡してくれた。濃紺の圧縮ウールのダッフルは春先まで着られそう。

いつも思うが、ハムステッドの店員さんは感じがいい。ロンドンの雑な接客業の中で際立って感じられる。いや、それよりも、訪れるほど自分になじみの店ができて、自宅のある、吉祥寺の街にいるように、店員さんとあれこれ話していること自体が嬉しいのだ。

地元の店、ローカルショップは「セインズベリー」や「テスコ」など大手スーパーより割高なのに、皆が立ち寄って何かしらを買っている。ローカルショップは愛され、守られている。

夜、ポルトガル料理のレストランで、魚介類のブイヤベース＋ライスを食べる。地方のひなびた町を思い出させる、昔ながらの静かで薄暗いレストラン。ウェイターのポルトガル人が、親切で素晴らしくいい人だった。

娘や親とまた来たいと思う。

昼間書店に営業&ごあいさつをしてきたスタッフらは、すっかりロンドナーのように、英国経済についてしゃべっている。

12月30日（木）

セントラルヒーティングの暖かさで、かたいつぼみだったチューリップが開いた。昨日買ったばかりなので、捨てるには惜しいと、階下のポールに持って行く。

半年ぶりの訪問に驚く様子もなく、今度僕は「ミュウミュウ」のような新しいブランドを立ち上げると喋り続ける。

まだ二、三回ほどしか会ってないのに、「調子はどう」と聞いた後、自分の仕事について詳しく話す彼は、フランクというより生真面目な人だ。

トレンドを考える彼の肌は浅黒く、どこの国から来たのかもわからない。彼のような人が近所にいるのもロンドンならではと思えばいいのか、どうだろうか。

彼がいなければ捨てるしかなかったチューリップのブーケを、喜んでもらってくれたので嬉しかった。

東京へは休暇で帰るの？　と聞かれ、長いホリデーだと答えた。

私がロンドンに住み着いていると思っているのだ。

第3章

もっと学び、深く考えたい

安全な土壌の野菜をむさぼり食べる

2011年5月2日〜8日

5月2日（月）

震災後、初めてのロンドン行き。

成田からロンドンへフライト。機内で『ALWAYS 三丁目の夕日』を観て考える。

なぜ、昭和三〇年代の頃、子ども達は昼寝させられたのだろうか。親に無理やり寝かしつけられ、起きると気分が悪くなった子ども時代。

古いビルの歯医者、腕をつねりあげられたような痛みを連想させる薬の匂い。「できれば注射だけはやめてください」と言う母に、「好きでやってるんじゃない」と、高圧的な医師。戦争の名残は長崎《ながさき》の町中にも、うっすらあったと思い出す。

放射能汚染がこわくて、機内食も愉しめない。肉、魚類もみんなパス。

震災後、野菜、卵は北海道の無農薬農家「Ｃｌｕｂ大地」か、両親に頼んだ長崎のもの、肉は雲仙《うんぜん》のポークファームのハム・ソーセージを取り寄せている。黒い雨、汚された土壌、複合汚染。

外食では、いちいち「これはどこのものですか」と、産地を尋ねてから口にする。食べることの愉しみを奪われ、今、口にしているものについて、いつも恐る恐るだ。汚染物質が体に入って、ゆっくりと健康をむしばむイメージ。

ロンドンに行ったら、野菜も魚もたくさん食べよう。ソイルアソシエーション（英国土壌協会）の原稿も、もう一度読み返そう。

自分が書いたことの中に、今、とても大切なメッセージがある。一度汚した大地は、もう私が生きている間は元に戻らない。

それほど遠くないうちに自分が安全なロンドンに移り住むという、人生の大きな決断を下さねばならないような気がする。深く考えなければ日本で暮らすことはできるのだろうが、嫁いでいく娘のこれからも考えると心配だ。

一年前には考えられなかった、震災、原発事故による脱力感と虚無感。

日本が危ない、だから英国に行くという選択肢はなかった。こんなことを考える日が来る想定もなかった。

今回もまたマイレージでビジネスクラスにアップグレード。いろんなことを考え、原稿を書き、好きな映画を観て、お腹がすいたらうどんやおにぎりを頼む。上げ膳《ぜん》据え膳の優越感と、日頃できなかったことが全部できる嬉しさ。

私の働き方に問題があったか。活力が切れるまで働くと、燃え尽き人間になる。この数年、いつも会社のことを考えているし。

今回同行した編集担当のTも、このところの疲労が積もり、ひたすら眠っている。

少し西に陽《ひ》が傾いたようなヒースローの空。

世界中の人々が、何もなかったようにうごめいている。

5月3日（火）

ホーリーロウ。六時三〇分に起きる。快晴。空気が冷たく、青い空と小鳥の声。

Tと久々に「g」に行き、特製ひよこ豆サラダ（オニオン、ロケット入り）と、クロワッサンを食べる。私にとっては今や故郷の味。

昨日、キャブの兄ちゃんと空港からの料金のことで揉《も》めたTも、外国人恐怖症が取れてリラックスしている。


帰宅後、ボイラー調子悪し。電気ヒューズが飛び、バスルームの窓も開かない。ふと見ると綿のような羽。

イヤな予感は的中。窓の外のサンにハトのフンがこびりついているではないか！　世界一嫌いなハト。あの鳴き声と共に、ついにホーリーロウにやって来た！

上方の小窓を開けて、フン目がけて掃除用洗剤をかける。ショックだ。


一〇時三〇分、モリさん、大工のパラブと来る。相変わらずパラブは弟と一緒だ。電気ヒューズボックスを確認。ハト除《よ》けに剣山のようなスパイクを置くことにする。問題はボイラー。故障の原因は、石灰分の沈殿物が配水管の中に溜《た》まって、それがふんづまりを起こしていること。このままだとガス代もかかり、故障も増える。早急に配水管の高圧洗浄をすべきだという。以前にも聞いていたのでOKする。

石灰分の多いイギリスの水は、飲むと体調が良くなるが、あのパイプの内側のこびりついた化石へドロを見て閉口。

モリさんとパラブがいてこその快適さだ。感謝。

モリさんに日本の原発について話すが、イギリスでは大したニュースになっていない。「それより」と、彼女から昨日、オサマ・ビンラディンがアメリカ軍によって、殺されたと聞く。報復テロが起きるのか。キャメロン首相は、このできごとを「massive step forward（大きな前進だ）」とほめ称えたとか。ゾッとする。

オバマを支持したキャメロン。日本は見て見ぬフリか。たとえ脅威にさらされても、信念を持ち表明することは、時には不可欠だ。「国益」、ナショナル・インタレストとは、日本に欠ける思想の一つ。

アングロサクソンの仲の良さも改めて知る。

放射能汚染から逃れる気分でここまで来たのに、ロンドンでテロの心配とは。

世界中安全な所はないのか。日本ダメ、イギリスダメならどこがいい。やっぱり原発のないウェスタンアイルズしか残っていないのだろうか。

夜、ハムステッドでトムヤムクンヌードルと日本式チャーハンを食べる。以前、一人で来た店。

ハムステッドは平和でいい。ヒース原野に隣接したこの街にいると、まるで別荘でくつろいでいるかのように、気分がホーッとする。

深く息を吸い込むと、欲していたものがどんどん体に入って、細胞に行き渡るよう。

5月4日（水）

不眠。朝六時三〇分からホーリーロウで日本の女性誌の撮影。用意する。

午後、撮影&インタビュー。

カメラマン氏は良い人だった。今、ベッドシット（下宿）で暮らしているらしい。何らかの事情でロンドンに赴任してきた人は、それぞれ動機やいきさつがあるのだろう。

終了後、Tとハムステッドの街に出る。不愉快なことがあり、ムシャクシャした気分のまま、ハムステッドのハイストリートでディスカウントのブーツを選び、報復のテロを心配しつつ、ショッピング街のオックスフォードサーカスへ。

パブで昼食、スキャンピーとチキンバーガーをかき込み、「Z」へ撮影用の服などを見に行く。昨日接客してくれた親切な店員さんはいなかった。気が付けばロンドンの店はどこもかしこもみな、東欧、アフリカ系の移民が店員となっている。イギリス人はいない。ずっと前からだったのだろう。

その後、初めてトッテナムコートロードまで歩く。

ロンドンにはいくつか気になっている、まだ行っていない通りがある。それがこのエリアだった。

「ユニクロ」や「MUJI」や、やかましい音楽のかかる店が並ぶ。

内向的な気持ちを解放するため、地下鉄で賑《にぎ》やかなコベントガーデンへ。すぐに「Z」に入り、やはり店員さんが熱心だったので、ここでトップスを二点準備。「Z」は英国やアメリカに支店を増やしているが、世界レベルではない。あくまでイギリス的な色使いだから、ワールドワイドになれないのだとか。

「ZARA」や「GAP」のようになれば個性は薄まるし。


いつも賑やかなはずのコベントガーデンは閑散としていて、掃除をしていた黒人の男性を撮影させてもらい、パブロバ（メレンゲのお菓子）のある店で休憩。

けれど、スコットランドのB&Bで食べたパブロバの方が一〇〇倍美味。Tは『マイ・フェア・レディ』の面影を追って撮影を続ける。

疲れてハムステッドに帰る。日本料理店で好物のきつねうどんを食べる。大流行りの店、カウンターでイギリス人が透明の冷や酒を飲んでいた。

焼き鳥を焼く日本人のおじさんは、真面目かつ強面《こわもて》で、新橋《しんばし》の高架下でサラリーマンを相手に、焼き鳥を焼く店主のよう。この人の人生はどのようなものだったのかと想像してしまう。

帰宅後、数秒で眠りに落ちる。

5月5日（木）

熟睡。目覚め良し。今日は不動産会社代表のドンに会う日。会う日は緊張する。バスに乗って彼のオフィスへ。

彼は今、ロンドンの不動産を日本人に売ることに奔走している。自分の確信に基づき、売りたい家の公的な裏付けを取り、企画（プラン）を立てて指示を出す。

ドンいわく、グレイトブリテン――英国は強い。政治家が信念を持っている。ビンラディンを殺した時、アメリカ人はパーティーをして喜んだ。そこに違和感はあれど、日本とは違う西洋の考え方をまっすぐに受けとめたい。

一丸となって立ち上がろうとする日本では、東日本大震災からの復興に向かって、淘汰《とうた》された中から新しい価値観が生まれてくると、励まされる。

彼の言葉にはリーダーとしての力強さがあり、希望がある。誰にも（私にも）ない人間的な強さをドンは持っている。それが人を盛り上げ、挫折させない。

ドンの秘書嬢はいつもニコニコしている。以前書店員だったという彼女は、帰国時、友人に私の本を勧めてくれたという。


その後、「ホメオパシージャパン」のロンドン校を訪問。我が編集部一同を短期留学させ取材してはとコラボの話も出る。

日本人の担当女性はとても落ち着きのある良い人。威圧感のない女性はいい。長期間ロンドンに住んでいても、このような女性もいるのだ。


ピカデリーの書店で集金するTに同行。三越《みつこし》で店長さんに挨拶した後、Tから、ジャパンブックセンターに娘の名前を知る女性がいたと聞く。もしや、と思い走って行くと、二〇年ぶりのテルさんがそこにいた。

シングルマザーの貧乏時代、私と赤ん坊だった娘の面倒を見てくれたテルさん。赤ん坊連れで渡英する不安に、誰か現地でベビーシッターも兼ねて相談できる人をと探したところ、知人が紹介してくれた女性。書店に勤めていたと知りびっくり。何も変わってない。

レジを担当する彼女はいつも店にいるという。これでまた近くなれた。

彼女の人柄の素晴らしさに、どれだけ救われたか。

Tが得意になって「良かったでしょう」と言う。本当に人との縁は離れたりくっついたりだ。

ウエストエンドの繁華街、ソーホー最大の中華、激安「ワンケイ」で経営者アンディと再会。雑誌の反響が大きかったと報告すると、東洋的に照れて、ずっとあの時の写真を持っているよと言った。

スイートサワーチキン、卵のチャーハン、かまぼこラーメンをかき込む。

七時からハムステッドのチェーン書店「ウォーターストーンズ」の二階で開かれる作家の朗読会に遅れそうなことに気付き、走る。

コメディアン兼作家の彼は、グーグル、アマゾンのレビューについて、ひどい批判までも、小説の題材にしている、と言ってのけたのが面白かった。

司会者が尋ねて、作家が答えるトークショー形式。こんな形式で一度講演をやってみたいと思った。

書店の一角に作られた会場には、四〇名くらいが集まっていた。

本の朗読、Ｑ＆Ａに続いてサイン会。話しかけると、「アマゾンは自分もしょっちゅう見る。自分の本の売れ行きは気になるからね」と言った。

サインをもらう側に回って、読者の気持ちがわかった。ツンツンされると傷つく。親しみを込めて話されると幸せになる。

私の横に座って、この作家の似顔絵をひたすら描く紳士がいた。彼はもしやハムステッド同盟の変人エディターではないか？　顔出ししないムスタファ氏なのか気になる。

そして有名作家に訳のわからない変な質問をする老人。暇つぶしで来ているらしいおばさんもいた。皆、作家と、よく語り合う。

以前参加したナショナル・トラストのクルーズでも思ったが、イギリスの小さな町にあるすきま的な空間には、こういう文化的催しが多い。しかも小さい集いが。

だから高齢者の知的好奇心は枯れないのか。

ゴールデンウィークのホーリーロウは憂愁の影。

この国のポジティブな人々の姿が、今回は私にとって疎外感の元となっている。自分が何かで挫折したような気になっているのは、多分、これから帰国してはじまるいくつかの煩わしい仕事や、仕事と生活のバランスがとれないせい？

震災のゴタゴタのせいではない。その根っこにあるのは自分の変化だろうか。世界中どんな素晴らしい街に行っても、自分の心からは逃げられない。

5月6日（金）

今日はロンドン郊外にあるアウトレットモール「ビスタービレッジ」を取材。人気のあったスウィンドンのアウトレットは年々すたれ、ツアーのお客様の反応もイマイチだった。以前から気になっていたロンドンから約一時間のアウトレットを見なければ。

これまでスウィンドン、チェスター、スコットランドと、あっちこっちのアウトレットに行ったが、ロンドン近くのここは初めて。

スウィンドンが南町田《みなみまちだ》としたら、「ビスタービレッジ」は御殿場《ごてんば》のアウトレットのよう。

スーパーブランドの「グッチ」「ウェッジウッド」「ダンヒル」「キャス・キッドソン」「バーバリー」と、読者の方々を連れてくるのに良さそう。「ハロッズ」のスカートが五〇ポンドなり。元値が一五〇ポンドといえば三分の一か。TAXリファンド（税金還付）キャッシュバックもOK。

取材のついでと、我が家のキングサイズシーツなどを探す。ツーリストインフォメーションでパンフをたくさん取る。

八時が最終シャトルバスと聞き、七時四五分の一本前にすべり込む。インド人、中国人らと共にロンドン行きの列車に駆け込む。メリルボーン駅に到着した時はヘトヘト。物も言わず帰宅。

Tがスパゲッティを茹でたが、コショウを誤ってドッと入れてしまい、食べる物なし。夜、何かしようとしても、床に座ったままベッドにもたれかかり眠ってしまう。ひどく疲れが出てきている。

5月7日（土）

本日は雨。今回はいつも気になっていたのに行けなかった、ロンドン市内に行くつもり。ロンドンブリッジの南、サザーク大聖堂のすぐ隣にあるバラマーケットもその一つ。料理研究家のポールや、取材したスタッフのマモルから、オーガニック食品もある素晴らしいマーケットだと聞いていた。

朝一番なのに、ロンドンブリッジにはもう人の波が。

バラマーケットは長崎の青空市場のようなところだ。「ロンドンは絶対に飽きない」と、前に取材したB&Bの女主人が言った言葉が頭を過ぎる。

正直、これだけハムステッドに来ていると、少しマンネリかと感じることもある。でも、ならば永遠の旅人になって、イギリス中のB&Bを回った方が良いのかとも思う。三〇年近く、全英の家から家へと渡り歩いてきたのだ。この辺で、違うスタイルに切り替えたい。

このような市場でおいしいクリームやチーズ、オーガニック野菜をたくさん仕入れて家でゆっくり食べる。料理というより英国の素材の味をかみしめるのも新しいパターン。原発の事故が起きてから、食に神経質になっている。だからロンドンの青果市場が心底うらやましかった。

バラマーケットでおいしいダブルクリームを売っていた店主や、シャンパンのような味の紅茶を勧めるインド人に、これはあなたのファームで作ったのか、それはどこにあるか、オーガニックか、と、細かく聞くうち、話がはずんだ。

作り手の話を聞くのは楽しい。どこの誰が、どんなポリシーで作っているのか。屋台の数だけ話が詰まっているバラマーケットの豊かさ。たくさんの名刺やパンフレットを集めた。


最近、クロテッドクリームに目がない。乳製品の本場、英国のバターとクリームのミックス。三〇代の頃は、しつこそうで見ただけで気持ちが悪くなった。それが、つい一年前から大好物になっている。

「フォートナム&メイソン」で髙田万由子《たかたまゆこ》さんに「おいしいわよ」と言われ、お墨付きのスコーンを食べたから。

そしてもう一つの理由は、昨年見つけたハイゲイトビレッジにあるティールーム「ハイティー」の存在。スコーンもクロテッドクリームも最高においしかった。

触れただけでポロポロと砕けるスコーン。イチゴジャムとクロテッドクリームをたっぷ

ロンドンで一番、品質の良い食材が入荷するバラマーケット。オーガニック野菜、ローカルチーズ、紅茶など、試食だけでも大満足。

りのせて、紅茶と共に食べると、頭がボーッとする、恍惚《こうこつ》の味。

日本の食は世界一競争力があったのに、これから先、いったいどうなるのだろう。

浜岡《はまおか》原発を、一刻も早く止めて欲しい。フランスに地震はないが、日本は地震国だ。バラマーケットのように世界中の人々を魅了した築地《つきじ》市場も「海が汚染されていないか」をまず考える。

何も心配することなく「やっぱり和食が一番よね」と言っていた少し前までが夢になってしまった。

敬愛するドンは「日本は必ず立ち上がる」と言ったが、本当にそうだろうか。

淘汰された中から新しいパワーが生まれると。でも、土や水はただちに元に戻らない。

そこをどうするか、答えが見えない。


ものは試しと、その名も「ロンドンブリッジ」という、俳優達が酔っ払いや処刑人になりすまし、案内役を務めるアトラクションに行く。

第二部は中世のお化け屋敷探検となるが、まるでニューヨークのオフブロードウェイで見た演劇『ＴＡＭＡＲＡ』のようだ。観客をグループに分けて、俳優達が話しかけてゆくアナログな構成。

ロンドンの観光地では、歴史性と芸術性が、どのアトラクションにも込められていて、こんなお化け屋敷もどきでも、「無駄にお金を使った」とは思わない。イギリス人がエンターテインメントに馴《な》れているせいか。見せ方、見せ場の作り方が違うなあと感じつつ、グループの人達と走り回り、ヘトヘトになって終了。ロンドンブリッジのパブで休憩。

ティールームの撮影のために、大急ぎで、ハイゲイトに向かう。駅に降りた途端、独特の物憂げな風が吹く街。

かつて処刑場だった街。

夕方、閉店ギリギリに何とか到着。ティールームはほぼ満席。それを眺めながらヒースストリートにある空き店舗を思う。

ハムステッドで、こんなティールームをはじめたらうけるだろうなあ。田舎くさい、クッションだらけのティールームを。

それにしても、東京にたくさんあるカフェの流行り具合は、まったく信じられない。

第一に、カフェの料理がそれほどおいしいとも思わない（もちろん例外もあるのだが）。

第二に、インテリアやコンセプトがどこも同じにしか見えない。低いテーブル、椅子で前かがみになって料理を食べるのもつらい。

夜、レスタースクエア駅まで出て、タクシーでバッキンガムへ夕暮れの撮影に行く。バッキンガムには旗が上がっていた、女王がいるのだ。夜のため、観光客もまばら。ロイヤルウェディングの舞台、世紀のキスが報じられた愛のバルコニーを感慨深く眺める。

それにしても王室と市民の近さはこの距離感にある。ゲートに顔をつけるとバルコニーはすぐそこ。

なぜ日本はオープンにすべきところを、ややこしくわかりづらくするのだろうか。

イギリス人の恩師がロイヤルファミリーの経済効果を試算して、「絶大」と言った。ロイヤルビジネス、国益からすればそれも大切なことだ。

その後、エッジウェアロードでインド料理を食す。若いスタッフ三人を連れて食事した数年前を思う。あの頃に比べると、今は毎日の感動が見えなくなっている。ハムステッドでなくロンドン中心部を恋しいと思う自分に戸惑っている。

ざわついた街が恋しい。懐かしいのだ。

これは疲労の根っこと関係しているのか。自分にパワーがないためか。

ハムステッドの路地にある雑貨店で。ハムステッドというより、日々ロンドンそのものに飲み込まれていく。愛着が湧《わ》いてきた。

5月8日（日）

帰国日。七時三〇分起き。身仕度を整え、昨日バラマーケットで買ったサラダ菜のあれこれとチーズケーキを食べる。ドレッシングをかけなくても濃い野菜の味が嬉しい。NHKの英国シリーズに出演以来、がぜん中世の英国王室に興味を持ち、タワーヒルまで行く。ロンドン塔を見るためだ。殺戮《さつりく》と処刑。ヨーロッパの暗黒の歴史。そして、ロンドン大火。ロンドンブリッジ――かつて橋の上に存在した街の絵になぜ心惹《ひ》かれるんだろう。今やロンドン塔の向こうにはモダンなビルが見える。これだけロンドンに来ているのに、バッキンガムもロンドン塔もちゃんと見たのは初めて。展示場、映像の素晴らしさ。豊かなものは日本にもたくさんあるだろう。見せ方次第で観光は巨大な産業になる。

ハムステッドに戻り「バーグハウス」で昼食。Tはサンデーロースト。私はビーフとクリームティー。小鳥のさえずりが響き渡るガーデン・ティールーム。

前から入ってみたかったテキスタイルのギャラリーが開いていた。中に素晴らしい服がたくさん。まるで吉祥寺にある大好きな店のハムステッド版のようなギャラリー。今は手作り感がより伝わりやすい天然素材、カラーも黒や紺のモノトーンの服が世界的に流行している。もし将来店をはじめたら、こんな服を作ってみたい。

今回は日本から逃れるようにハムステッドに来た。ここはまるで楽園だと思った。でも、現実の生活は地震と原発、仕事と対人関係に挟まれた東京にある。オリンピックが過ぎたら、再来年になったらこの家はどうなっているのだろう。自分の人生はいったいどうなってゆくんだろう。

部屋を見ればその人がわかる

2011年6月3日〜10日

6月3日（金）

ホーリーロウに荷物を置いた後、タクシーで不動産会社代表のドン氏に会いに行く。奥様もいて嬉しい。話が盛り上がるも、互いに次の予定があり散会。読者から問い合わせがあった、二万ポンドの格安物件についても聞きたかったのに残念。彼は今、とても話したい人の一人。会うとやはりパワーがもらえる。光あふれる、ドンのビクトリアンスタイルの応接間。勢いと夢と懐かしさがこびりついている。

今回の取材に同行したヨシは書店に走る。部長と私はホーリーロウの狭い階段から荷物を上げ、明日撮影用のスコーンを買いにハイストリートへ。

六月の風。五月の時とは違う光、熱気。

帰ってこられたんだ、再びハムステッドへ。

横丁のジャム屋に行き、明日の朝ご飯（クロワッサン、アスパラガス、チキン、ハム、メレンゲ）など買う。

表に出ると、太ったおじいさんが、看板を見ていた。

ヒースストリートのパブが入った建物の上階に劇場があり、八時から演劇がはじまるのだと。一階はパブなのに、「ペンタメターズ・シアター」という看板を掲げていて、以前から不思議に思っていた。

横丁の古びた建物。狭い階段を上ると、そこには……。四階に本物の舞台があるではないか。まるで天井桟敷だ。秘密の隠し部屋だ！　これぞハムステッドの奇妙さだ。

見るたびに、この建物はかつて劇場だったのか？　とその歴史をたどろうとしていたのだが、今も上演する劇場だったとは！

古着を着たおばあちゃんが狭い入口でチケットを売っている。中にはクラシカルな舞台があり、すでに一名、カルチャーっぽいジャケットを着た老人が座っていた。

近くの店で買ったデリをビールで流し込んだ後、一〇分前にあわててヨシ、部長、私の三人で劇場へ入るも、すでに満席。ドレスを着た若い女性もいて、舞台は戦後の典型的な中流家庭の居間。それが幻想的に再現されている。俳優も本格的なフリンジシアター（小劇場）だ。だが、はじまって一〇分で眠くなり、皆、頭をたれるので一時間もしないうちに出た。雰囲気を味わえただけでも良かったが、切符切りの女性に申し訳なかった。時差には勝てぬ。全員ホーリーロウにて爆睡。

6月4日（土）

六時に起き、農場「Hook ＆ Son」へ。五月にバラマーケットで出会った、オーガニッククリームを作るファームと経営者を取材するため。目的地はヘールシャム。カズオ・イシグロの小説『わたしを離さないで』のいくつかのシーンが甦《よみがえ》る。

農場の設備はローテクな、手作り工場。農場に設置された小屋（キャラバン）に瓶詰め機械、クリームを作る機械などが収まっている。

ソイルアソシエーションの認定を受け、高温殺菌しない本物の生乳を販売する許可を得たという。一四歳の少年が糞尿にまみれつつ、子牛の世話をしていた。この濃厚な、良心ある生乳は、毎日五〇〇本作られ、現役を引退した代表の父親がマーケットに売りに行くのだという。

笑顔の優しい人だった。最後に家も見せてくれた。農家特有の散らかったコテージの居間。

私がイギリスに住み続けるなら、必ずここの生乳を頼むのに。この農家が、高額な投資でオーガニックに切り替えた理由は、「オーガニックの方が高く売れるから」だという。明快でなるほどと唸《うな》った。オーガニックは高品質でお金になるのだ。

ギリギリセーフでビクトリア行きの電車に乗り、ハムステッドへ戻る。かねてから興味があった近所のスタジオに行くため。

中に入ると、自然素材のシンプルで素敵な洋服が並ぶスタジオになっていた。何人かのデザイナーに話を聞き、若い女性デザイナーと名刺を交換する。彼女が着ている黒のワンピースがとても素敵で、その場でオーダーした。

彼女の作る服は、北部のビクトリア時代の住居で縫われているとか。見てみたいなあ。どんな工房なのかな。

昨日のシアターといい、住宅街のスタジオといい、ハムステッドの魅力はあり得ない場所に、あり得ない商いが続いていること。古い建物が想像力をかきたてる。奥へ奥へとつながっている工房。

取材後、あわててヒースローへ。「井形慶子と共に行くイギリスツアー」参加者の方々が到着したが、入管でひっかかっていた。手続きに二時間もかかってしまい、最悪だ。先に待っていた旅行代理店社長のヨシモトさんが、私達の待つ空港内のパブに来る。雑談しているうち、風邪をひいたマモル、そして、お客様方が入国審査を終え、出て来られた。

何と、「なにわのベルばら」と勝手に呼ばせて頂いている愛読者のおばちゃまもいた！読者の中でも、熱く私を支援してくださる情の深い人。大阪の英国フェアで三回もお会いしていたのに、ツアー参加のことはおっしゃっていなかった。サプライズだ。

Sさんも部下を連れて参加してくださった。この人の明るさに救われる。部長も一生懸命やってくれるが、要領がイマイチ。いかんいかん。今回、私のマネージャー君がいないことを心配したが、お客様は慣れたもの。

皆さんなぜ、どうしてこのツアーに参加したか、話したいことをちゃんと伝えてくれた。

とてもしみじみしたツアーになりそう。嬉しい。


しばしツアーに同行後、私達スタッフは途中一行と別れて、コッツウォルズのサイレンセスターにてバスを下車。

取材で宿泊のため近くのウィンストン村のB&Bへ。

夕食は、奥様の手料理。チーズスフレ、サーモン、パン、サラダ。

でも、どこかアッパークラスの人が持つ鼻高さも気になる。彼らに田園地帯の素朴さを求めるべからず、だろうか。

食前のカナッペ、とてもおいしい。レシピを聞く。

御主人と少し話して退散。取材スタッフのヨシとヒカルは、キッチンと洗濯機付き、ガレージの二階に作られたホリデーフラットに泊まる。リビングもあり上機嫌。

初日からてんてこ舞いで、とても多忙な一日。

ツアーの参加者の顔ぶれがわかり、愉しみになった。

6月5日（日）

フルーツ盛りだくさんの朝食。インテリアや庭もなかなかのもの。ミドルクラスの雑誌「カントリーライフ」の世界だ。

私と部長は母屋に泊まった。良い部屋だが、袋をかけていないごみ箱は生理的に嫌。物を捨てるとコッンと嫌な音がする。

さて、今日は一人暮らしのおばあちゃんを取材する日。

一人目のバルさん宅で大感激。折りたたみミシンを持ち、にこやかに一日の予定を愉しむ。東欧の子ども達に編むミトンなど、クリスマスボックスの優しさ。夜ごと愉しむブリッジ。

にじみ出てくる人間味あふれる人。今日を精一杯生きる。明日はわからないから、今日を精一杯愉しむ、と言う。

たくさんのイギリス人に会ううち、その人の部屋を見ただけで、思いの深さがわかるようになった。

その後、チェルトナムの老人ホームへ。係の女性はプロレスラーのよう。「チェルトナム最高級」というが信じ難い。私が女子医大で泊まった個室病棟に似ている。車椅子の老人と話す。自分の力で生きられることは偉大だと改めて思う。「先ほど会ったバルさんなら、絶対ここには入らない」と、同行したコーディネーターのアスカさん。確かにそうだと、整然と片付いた彼女の部屋を思い浮かべた。

分譲中のカントリーハウスを見るため、ツアーの皆さんと合流。案の定、不動産仲介業者が「誰が購入希望者なんだ」と、参加者を前に怒り、一瞬ピンチに。どうなることかとヒヤヒヤしたが、最後は管理人（インド人女性）と、住人で自宅を売りたい奥さん（イギリス人）まであらわれ、彼女らの家も見せてもらえた。ツアー参加者は大いに盛り上がり、ガイドさんもほっとした表情。芝生の庭が広大な、湖付きのカントリーハウス。コッツウォルズの不動産事情を生で紹介したかった私としては、滞りなく家を見せてもらえて胸を撫《な》で下ろす。

その後、また取材先の女性宅へ。

年齢を言いたがらないジュディーさんは、実業家のボーイフレンドと同居中。七〇歳前後とは思えぬ若々しさ。彼と暮らす今が愉しい。

会話や旅行もできるし、二人で暮らすと生活費にもゆとりが出るとか。

ボーイフレンド氏は、彼女が部屋を貸すホームステイの学生の世話もしてくれるらしい。

ボーッと私達を見ていた香港《ホンコン》から来た女学生。少々不気味だったが、もう三年以上ここに住み込んでいるとか。

ホームステイもここまで来れば家族同然だ。

どうせなら、うんと馬の合う人の家に何年も住み続けて、イギリスの家族を作るのもいいなと思う。

このツアーを取り仕切るヨシモトさんは、もう二〇年以上も同じ家庭に住み続けているそうだ。彼らが引っ越しても一緒について行き、UKの拠点にしているとか。それもありなのだろうか。

最後に、イギリス人男性とインド人女性のカップルの家を訪問。奥様は明るい女性だが、
ベッドルームのブランコに少々違和感。インドではリラックスの象徴というが。
築四〇〇年の家をモダンに改築する時、何を中心にするかは大きなポイント。

取材後、私と部長はボートンオンザウォーターのB&Bへ。

家中、ぬいぐるみと抱っこ人形だらけ。ベッドルームはフリフリで、八〇年代の労働者階級のセンス満載。とても懐かしい感じ。

大声で話すシルビアが最初はこわかったが、彼女が散らかったダイニングのテーブルで一人、「私のディナーなの」と、ビーフシチューのようなものを、庭を見ながら食べている様子に、これはただ者ではない予感。

夫のショーンはどこかに消えていた。

私達の夕食時に、彼女が一七歳の時、三二歳の夫と知り合い、一八歳になって結婚したこと、ショーンは元船乗りで、彼女のために海を諦め、オックスフォードの工場で働きはじめたことなどを知る。

娘や息子、そして障がい者の孫を分け隔てなく自慢する、手芸が命の彼女。

ソーインググループを作って週に一度は、友人らと手仕事をしながら夜を過ごす小さな愉しみを持っている。

何ということもないが、地に足のついた生き方。

「普通の人々」から受ける刺激に何かが内側から漲《みなぎ》ってくる。

6月6日（月）

朝、ドライバーのニックが迎えに来る。彼は以前、シルビアの家の後ろに住んでいたとかで、二人は顔見知りだった。

ひたすらモーターウェイを飛ばして、イングランド北西部ランカシャー、「アンクル・ジョーズ・ミントボール」の工場へ。周辺は労働者階級の街。車が工場に近づくと、砂糖とハッカの匂いが。

取材後、街を走っていたらウェディングケーキ（アイシング）専門店を見つけ、立ち寄る。パーティー本場の国だけに、ロマンチックな花びらや、レースを再現したケーキのでき上がりにうっとりした。

移動中、ニックがガンの手術をすると話してくれた。どんな無茶なスケジュールを頼んでも、毎回、「面白そう、マッシヴ、ファンタスティック」と、共感を持って同行してくれた、コッツウォルズの親分だったのに。

まるで教師のように、取材先についても面白おかしく解説してくれた。無事であって欲しい。こういう人がいて私達の取材は厚みを増すのだ。彼のような人を発掘できたのも、スタッフ達の素直で純粋な性質ゆえだ。

デントに立ち寄りニットデザイナーのソフィーと会って、サンプルを見せてもらう。ソフィーの工房の隣が売りに出ていた。ペパーミント色の玄関の、つたバラが美しいコテージ。裏庭も見せてもらう。四五万ポンド（約五八五〇万円）とか。いいなぁ。こんなのどかな村で店を出せたらどんなにいいかと、いつもの病気がわき出す。

打ち合わせ終了後、車に乗り込み北ウェールズの宿に向かう。何とか七時半までに到着。家族三人で泊まったリシンという村だ。ここで娘が小学生だった頃、クリスマスを過ごした。イギリスのあちこちに残っている私達家族の歩み。あの時代を経て、今の自分がある。

ヨシが見つけたリシンのＢ＆Ｂは、これまでの中でも最高ランク。インテリアの素晴らしさ、調度品の立派さ、布使い、色使いのセンス。

ミドルクラス御用達《ごようたし》の「ウェルシーロッジ協会」に登録され、庭もガーデンスキーム（The National Gardens Scheme：全英庭園機構）に認定されていた。部屋には小さな組み込み式の冷蔵庫もある。

オーナーの妻アナは、リシンの街で母親の雑貨店を手伝う店員だったとか。

彼女を歯医者のフィリップが見そめ結婚した。夫と違って素朴な庶民的妻の性格にほっとする。

ヒカルと部長は上等のワインを振る舞われ、上機嫌。

私とヨシは代わる代わるキッチンへ入り撮影するも、文句も言わず、協力してくれる。

夕食に全員違うメニューを頼む。私はパスタがいいとラザニアを希望。

デザートもクリームブリュレ、チーズケーキ、チョコレートケーキ、アイスクリームと四人バラバラ。

二〇〇〇～三〇〇〇万円かけてリフォームしたこの宿には、何度もB＆Bのインスペクター（検査員）が来てレベルチェックをしたとか。星をいくつ掲げるか。この国の宿泊施設に対するランク付けは厳しい。

深夜まで話し続ける。

ソフィーの工房の隣。デントの中心にあり、つたバラが美しい。都会に住むミドルクラスの人々が、セカンドハウスとして購入する典型的な田舎のコテージ。

6月7日（火）

六時半起き。朝からあわただしく朝食、B&Bの外観を撮影。せわしない。近くの宿に泊まったニックが迎えに来て、小麦粉を作る工場「バカドゥーリー・ウォーターミル」へ。

今回は、「一人暮らしのイギリス人」と、「オーガニック食材（英国土壌協会認定）」という二大テーマを追う私達。

観光業を目指した三〇代の男性が、四〇〇年たつ古い粉ひき工場を買って、小麦粉を作りはじめた。その前は、妻ともどもロイヤルメール（郵便事業の会社）のマネージャーだったという。

独学で小麦について勉強した彼の工場は、ローテク、単純な機械のみで粉をひく。四人の従業員と共に作る小麦粉は「ハロッズ」「ハーヴェイニコルズ」「ウェイトローズ」などの高級店に卸しているとか。

チャールズ皇太子とカミラ夫人も来たという。たった数年で、すでに二〇個以上の賞を与えられた。

お菓子作り大好きな友人に小麦粉を買うも、二ポンドもしない。これで会社が伸びているというから、成功する起業に文化力は欠かせないとつくづく思う。

次は「ラグ・エステイト」へ。ここは畜産中心のオーガニックファームだ。代表のロード・ニューボロー氏は貴族（男爵）とかで、取材スタッフ一同、緊張していた。取材のアポを入れていたのに、「僕に何をして欲しいの？」と、突然厳しい問い。身構えたが、ファームショップの前で話すうち表情が柔らかくなり、その後は自分のランドローバーで敷地内を案内してくれた。

フリーレンジ（放し飼い）、オーガニックのエサで育てた牛は、普通の牛より長く生きる。ここの肉も「ハロッズ」はじめ、一流店、香港などの高級レストランに卸しているとか。日本は輸入、輸出とも規制があって入れていない、残念だと言う。

いかにも高貴な顔立ち。論理的だが話が長過ぎるきらいあり。車を止めて静かに美しい英語でどんな質問にも答えてくれるが。

「Shall we go?（そろそろ次に行きますか）」と何度声をかけそびれたか。

彼によると、ソイルアソシエーションの検査は有料らしい。ただし、認可されると、す

「ラグ・エステイト」の代表ロード・ニューボロー氏に、オーガニックに切り替えた理由をインタビューした。

ごいステイタスになるから、二年に一回検査を受けるのだとか。

夏になると周辺のキャンプ場から客が押し寄せ、ファームショップに一日三〇〇〇人が来場するという。

ギリギリまでああしろ、こうしろとマモルに言われ、最後は、私達の指示に従い牧草地でポーズをとってくれた男爵様。

次の打ち合わせがあると、グッバイと挨拶するなり、お説教から解放された子どものように走って行った。チャーミングな貴族だ。


その後、ツアーのお客様と落ち合うため、つたの絡まるティールームへ。

ひどい車酔いの方が出たそうで、近くの川のほとりで休まれていた。心配なり。

このティールームはロンドンから旅行でこの町を訪れた編集者のティムが、一目惚《ひとめぼ》れして買ったという築四〇〇年以上の建物。店を切り盛りする元編集者は、近くの農家を自宅にしている。

先に取材した小麦粉屋の若旦那といい、三〇～四〇代の働き盛りが田舎に移住し店を持つとは思い切りのいい人が多いなあ、と感心。

その後、リゾートホテルにて懇談会。部長が司会。わざわざマイクを用意してくれた旅行会社の社長、ヨシモトさんに感謝。参加者代表のスピーチも感動的だった。

6月8日（水）

朝食の後、イングランドとウェールズでの最高峰、ブリテン諸島中四番目の高さの山、スノードンへ。

道中も雄大な景色を堪能《たんのう》。

いよいよスノードン登山鉄道へ乗り込み、山頂に向かう。ビクトリア時代からの列車と知り、当時の様子をなぞってみる。

頂上は真冬のような寒さ。突風。一面の霧に視界ゼロ。参加者の方が一人で頂上の記念碑のある場所まで登ろうとされていたので、部長と付き添って見守る。

三人のインド人が崖《がけ》っぷちで撮影していた。

私も頂上を目指すが、突風が恐ろしく、動けなくなった。これが霧などない晴天ならどんなにいいか。

ウェールズとの国境に近い、中世から続くイングランド屈指の観光都市チェスターへ。

山頂を目指すスノードン登山鉄道。車窓からは、自力で登山する人々が見えた。

チャリティーショップで買い物される皆さん。安い、面白いと言いつつ、街の中心地ザ・クロスまでたどり着く。

私は大切にしているアンティークペンダントを購入した店を探す。二〇年前に立ち寄った思い出の店だ。四〇ポンドの磁石のシルバーペンダント。

だが、店は消失していた。


次の日のニューアーク・アンティークフェアにそなえて大聖堂で有名なサウスウェルへ。ツアー一行で訪れたホテルは最高だった。昔の旅籠屋《はたごや》のような黒い梁《はり》。チェスターの後だけに、小さな街はほっとする。

街の人に教えてもらったレストラン「バンブー」に行き、中華を食べる。

彫りの深い東洋美人に英語でオーダーすると、「私、日本人ですよ」と返されびっくり。聞けば中国人のボーイフレンドと、ノッティンガムから車で三〇分かけて毎日通って来ているそう。

このあたりは庭の広い戸建てが多くて、良い学校もあるから住みたくても高くて、と。

ボーイフレンドの叔父さんが起こしたという店の中華料理は、なかなかの味。

ツアーの皆さんが一〇人ほど集まり、母娘で参加された方も途中から加わって狭い店内

イングランド中央部ノッティンガムシャーの信仰の中心地、
サウスウェル大聖堂にて。

は満席に。チャオメンやチャーハンを注文して、ガツガツという表現がぴったりなほど、皆さんの食欲は旺盛《おうせい》。

食事後、はす向かいの教会に出向く。サウスウェル大聖堂は、七〇〇年前に建てられた古い聖堂らしい。

少し前に観た映画『エリザベス1世』がフラッシュバック。塔がダブルという建築様式が当時の意匠のよう。

庭園を歩き回り、ヨシ、部長、お客様と写真を撮る。映画の『エクソシスト』で観たような悪魔の石碑を見つけゾッとした。

皆で地元のパブを目指し歩いていると、感じの良い中年夫婦に出会う。道を聞いているうち親しくなり、「家を見せてあげよう」と言われる。

行きずりの人が「どうぞ」と招いてくれる家は、大抵、最高レベルなのだ。嬉しくて思わず飛び上がる。

一眼レフ二台、テレコも二台持ち込み、典型的な三階建てガーデンコテージと庭をくまなく撮影する。余りにかわいく、すべてが決まっているインテリアにうっとりする。

リタイヤしたご主人は、終日アロットメント（市民農園）で野菜作り。

奥さんはチャリティーショップの古本部門でボランティアをしているとか。

二人で夕方の散歩に出たところだったそうだ。

「ここは望むものがすべてある。少し行けばノッティンガム、ロンドンへも一時間半で行ける」

彼らの年代の田舎に住むイギリス人は皆、同じことを言う。つたバラ絡まる美しいコテージは、小さな住まいがいかに素晴らしいものか教えてくれる。

6月9日（木）

六時半起き。朝食まで撮影。クラシックなホテルの朝のまばゆさ。

朝から即席ウォーキングツアーを開催。

大聖堂に出向くと、司教様まで出てきて広報の女性が私達を歓待してくれた。通訳してと言われヒヤリとしたが、ビショップ（司祭）が集う角形の部屋は素晴らしかった。

いよいよ欧州最大といわれるニューアーク・アンティークフェアへ向かう。牧草地を埋め尽くす二〇〇〇ものアンティーク業者達、お客様はその広さに感嘆され、あっという間に散り散りに。

けれど私は、ひと足先にロンドンへ戻るため、欠けたカップを購入したのみ。

電車で帰る約一時間半の道のり。ロンドンキングズクロス着。

まずはホーリーロウに荷物を置きに戻ろうと、地下鉄までの長い長い地下道を歩く。スーツケースが鉛のよう。

懐かしの我が家にほっとするも、その足で再びイズリントンのデザイナーに会いに行く。

続けて、ロンドン北東部ウォルサムストウの、笑顔のまぶしいリンダ宅へ。

エンドオブテラスハウス（長屋の端っこ）は住宅として人気が高い。

かわいい室内と、芝生伸び放題の広い庭。庭の隅っこに彼女のワークスタジオがある。

リンダが私達にベーカリーで買ってきたというケーキを切ってくれ、お茶も淹れてくれた。頭がクルクルパーマの相棒のカリーもコミカルな表情で、二人が揃うとホームドラマそのもの。

英国展のポスター用、水玉ワンピースを受け取る。スタジオとバスルームを行き来して、試着してはサイズを確認する私。

ちっともくつろげないが、ワンピースは素敵な仕上がり。

スタッフがハムステッドに戻って来るので、急いでキャブを頼もうとしたら、「私達使ったことがないから」と、リンダらはパソコンでキャブの電話番号を検索していた。質素な暮らしぶりがしのばれる。
途中通過したセブンシスターズという街の荒れ果てた様子にびっくり。ホーリーロウを探す時に様子がわからず候補に挙げていた。殴り合う黒人達、落書きだらけの空き店舗。物件が安かったのは環境のせいだった。本当はオーバーグラウンドの電車に乗ってハムステッドヒースまで戻りたかったが、車で移動して、街の様子がわかった。電車かバスかタクシーか、交通手段の選択は、運とリンクするといつも思う。

6月10日（金）

六時半起き。ファームショップで買ったパンを思い出し、朝食に食べる。最後の日特有の寂寥《せきりょう》感。淋しさと切なさが入り交じったような空気が流れる。ヨシは家中掃除機をかけて、私はシーツなど洗濯物をカーテンポールに干す。ボイラーチェックするモリさんがドアを開けた時に、いい家だと思ってもらいたい。市内のメリルボーンホテルまで再びタクシーで揉める。あえて大きな車でやって来て、予約した時の金額よりつり上げ請求。時間なく仕方なしと諦める。このようなサギまがいの行為が近頃続いている。なぜだろう。五輪を前に儲け主義に走っているのか。あるいは移民ドライバーが増えたせいか。あるいは生活苦？

ツアーのお客様と合流しホテルよりコーチでサリー州ハイダウン刑務所へ。道中この刑務所について、参加者の方々に説明をする。

ここは、ドラッグに手を染めた男性のみの刑務所。すっかりお買い物モードに切り替わっていた皆さんだが、受刑者を料理人として育てようと一人の青年によってはじめられた、「塀の中のレストラン」について話すと、真剣に聞いてくれた。

来訪者のための手続き専用のオフィスもできている。チェックもゆるくなっていた。刑務所レストランとしての実績がついたのだろう。

いくつもの鉄条網と監視をくぐりぬけ現れる、塀の中のレストラン、「ザ・クリンク」。厨房《ちゅうぼう》にいたシェフのクリスに挨拶すると、わざわざ出てきてくれて、結婚したと指輪を見せてくれた。

日本の震災のことを気にかけてくれた。土壌が汚染されて、安心して食べ物が食べられないと私。

クリスは前よりずっと穏やかで、すっかり著名人となり自信をつけていたが、ヨシや部長のこともちゃんと覚えていてくれた。

厨房で受刑者に怒鳴り散らしながら料理する彼の姿を見ていると、その一生懸命さに釘《くぎ》付《づ》けになる。

二年間、彼は現場で働き続けてきた。それは勲章をもらっても変わらない。

昔は七〇パーセントの受刑者が刑務所に戻ってきていたが、今は三〇パーセントに減っているという。

支配人のフランシスコもいなくなり、ケインが新マネージャーになっていた。

昔、モデルもやったことがあるミッドランド出身の彼も収監されていたという。

サラダバーの飴付きパプリカ、ピーマンの冷菜がとてもおいしく、ヨシモトさんも感動していた。

突然、ヨシモトさんが「料理人が来ますよ」と叫び、囚人が「ハッピーバースデー」とスタッフのヨシにケーキを持ってきた。レストランの人、皆が祝ってくれた。

ヨシモトさんのイキな計らい。温かい人、温かい時間に胸が熱くなる。
テーブルに受刑者が書いた詩が、いくつか立てかけてあった。

「父の日」
僕は今日、教会に行く
父さんのために祈りを捧《ささ》げに行く
父さんは僕の良き指導者であり、友達だった
一番の親友だった
父さんは昔、不良少年だった
当時の写真を見ては、二人でなんとよく笑ったことか
今でもその写真を見ると笑みがこぼれる
でも悲しいことに、大声をあげて一緒に笑うことはもうない
僕は今日、教会に行く
父さんのために祈りを捧げに行く
僕の唯一の親友

安らかに眠れ、僕の父さん

マーク・キーティング（一部抜粋して訳）

隣に座ったお客様が、日本の政治は何も変わらない、こんな革新的なことができないと話す。ハイダウンを見て、個人の生き方、国のあり方を問い直す人は多い。このような道もあると、皆さんに伝わっただろうか。


ハイダウンでキャブに荷物を積み替え、ヒースローへ。

夜のフライトなのに、午後三時に到着した。時間がもったいないこと。

内装工事のためにどんどん店が減っていくヒースローのターミナル。来年のオリンピックに向けて、街も空港も工事だらけだ。

キンと冷たい空気のように心を刺激する淋しさ。

大勢の人に囲まれ、揉まれ、散っていく。仲間としばし寝食を共にし、それぞれの居場所に帰ってゆく。

帰路の飛行機に乗り込む時は、いつもしんみり。

人々の暮らしに接することが旅の醍醐味《だいごみ》

2011年9月5日〜8日

9月6日（火）

昨日、成田からフライト後、コッツウォルズ地方チェルトナムへ到着した。アンティークマーケットの中心地、ストウオンザウォルドのホテルに宿泊。素晴らしいカントリーホテル。

ツアー開始の朝、顔合わせにホテルのロビーにて自己紹介する。皆様、意欲的だった。ベテラン添乗員、クールなタカハシさんもとてもいい人で、参加者の方々も彼女の指示に協力してくださる。

外は嵐が丘のような突風。風と雨がすごい。

朝食後、モートンインマーシュにある、いつもドライバーをしてくれるニックの店「ロンドンハウス・アンティーク・センター」に行く。アンティーク店も経営する彼の店には、自分の会社のタクシーの名刺が扇状に置いてあった。ガイドさんまでアンティークを見定める時には、「ニック」「ニック」と声をかけるので、彼は引っ張りだこだった。昼食に、素敵な庭を見せてくれるというB&B「ニードルホール」へ皆様をお連れし、オーナー夫妻のアンとブライアンとも再会。ご機嫌な二人とハグしたが、料理がローストビーフのサンドイッチとはイマイチ。シュークリームは美味だったけれど。団体客に家庭料理を出す難しさを感じる。

その後、チャールズ皇太子の店「ハイグローブ」へ行き、昔、テドベリーのホテルでもらった、チェリーブロッサムの石けんを買う。柔らかな香りにうっとり。ラベンダーカラーの紫を中心に、すべてセンス良く、少々高いけれどこれがロイヤルブランドかと思わせる品揃え。

専門店とアンティークショップの多いテドベリーはゆっくり歩きたい街。

その後、石造りの街並みが美しいバイブリーに行く。スワンホテルにてお客様とクリームティーを愉しむ。

皆さんに今日の感想をいただくが、圧倒的にコッツウォルズの不動産内見が人気だった。買わずとも、住宅売買の仕組みがわかり、一瞬夢が見られる。

良かった。

カントリーホテルの夜は、風の音がゴオゴオ聞こえ、魂が吹き飛ばされそう。

9月7日（水）

朝はチェルトナム市街をバスの車窓から見学。

ツアーでは行程表に書いてあることをすべて消化しなければ返金対象になるらしい。だからクレームを心配する旅行社の方々は、トラブルがこわく、今まで私達がやってきた、面白いものがあれば予定変更する手作りのツアーを心配される。

大手旅行社の、新聞社という看板を背負ってやっているツアー旅行の難しさをしみじみと感じた。

この日も通訳の人が朝からずっと話していた。その言葉の中に一部、気になる表現あり。後でタカハシさんに、あの言葉は、余計だったのではないかと伝えた。嫌味にならぬよう、思ったことはすぐに解決する方が、モヤモヤしないでいい。

五〇代に入り「すぐに解決」をモットーにしている。

ツアーの皆さんと一緒に、チェルトナムからボートンオンザウォーターの香水工房に向かった。

工房に着き、受付の人に「すぐに、オーナーを呼んでください」と頼む。オーナーのジョンさんが下りてきて、話しているうちに二階の仕事部屋に通された。

彼のビジネスは不況にもかかわらず好調だそう。

最近、カスタマー（顧客）にアラブの人達が増えたとか。サウジアラビアやドバイの人達が「セルフリッジ」と提携をした、ウッディーな香りの香水を大変よく買ってくれるという。「ウッド」というエッセンシャルオイルは大変値がつり上がり、高価になったという。「セルフリッジ」からこの工房にたくさん注文が来ているようだ。

今一番の顧客は日本人。そして、アメリカ人ということ。中国の人達はもう来なくなったそう。

この香水工房のように、小規模、手作りにこだわって営み続ける、コテージインダストリー（家内産業）や家族経営の店に注目している。

彼らのポリシーが、「カムバックアゲイン」、顧客が何度も何度も戻ってきてくれることだとすれば、中国人というのは成熟文化にあまり関心がないのかもしれない。

高度経済成長の最中にある中国は、新しいものに飛びつき、どんどん情報をサーフィンしていく、昔の日本人のよう。

ドライバーのニックに教えてもらったパブは、小川の上にコンサートステージがあり、庭の向こうに小さな池もある。オーナーがパブの二階にB&Bを建て増ししていた。価値ある石壁を残した合理的なリフォーム。

どうしても自分が見たものの中で一番最高のものを、皆さんに見せたいという思いが募り、ここのランチをアレンジしたのが昨日の夕方。受付の女の子はオーナーに言っておくから大丈夫、と快く引き受けてくれた、名もない小さな村のローカルパブ。

人伝《ひとづて》に聞いていなければ来ることもなかった良質なパブに、予約時間より早く着いたため、納屋を改装したオーナーの自宅、そしてパブ上階に作った寝室を順々に見せてもらう。

オーナー宅は、一階がベッドルーム、二階がリビングルームでバルコニーも付いていた。リフォームの許可を取るのに大変長い時間がかかったのも今は昔、今は四カ月くらいで済むという。

景観や建物の改築にうるさいイギリスで、なぜ、すんなり許可が下りたかといえば、彼がパブを経営していて、この地域の観光産業に貢献していたから。だからオーナーの住まいを敷地内に作る必要性が認められたのだ。

鮮度抜群の肉をあらゆる調理法で食べさせる「The FOX inn」。オーナーのポールが行ったリノベーションは実に興味深い。

それにしても、イギリスの人々の家に対する貪欲さ、どんな建物も住居に変えてしまう行動力には、いつも感心する。簡単ではないことに喜びを覚える挑戦力にも。

着席してランチが始まると、あちこちから「おいしい」という感嘆の声が聞こえとても嬉しかった。

毎回だが、誰がイギリスの料理はまずいと言ったんでしょうね、とお客さんに言われる。団体旅行では、どうしてもホテルのレストランなど一定の場所をキープし、一斉に素早く、手際良い三コースの料理を出してくる。だから、一品ずつ選りすぐって、その土地で出されているおいしい物を味わうことは、個人旅行ができる卓越した眼力と語学力を持った人のみの特権だった。

そこを何とかしたいのだ。イギリスの生活に触れるため、庶民が、本当においしいと思う料理を食べてもらわなければ。

そして、地元の人達が、日常的に利用するチャリティーショップなどの店に入り、そこで地元の人々が、いかに安く使い古した不用品を手に入れ、上手に利用するかを知って欲しいと思う。

だから、イギリスの文化を本に書いてきた私は、多少の手間がかかっても生のイギリスをアレンジしてお客さんに見せていきたい。

料理は本当に素晴らしく、私のラザニアは、そのパリッとした表面の焼き具合、中の具の入り方が卓越。スタッフの頼んだ野菜のたっぷり入ったリゾットも食べてみたが、これまた味付けが最高においしかった。

そして、アップルソース添え豚肉のソテー。長崎の甘辛い角煮の表面にリンゴの果汁を加え、オーブンでパリッと焼いて仕上げたような、ロンドンでも見つけられないワザ。オーナーは私達が喜んでいる姿に大変満足してくれて、紅茶をサービスしてくれた。

みんなで盛り上がり、川の縁で写真撮影をした。

参加された年長の男性が語学堪能だったので、住宅の作りまでも細かくオーナーに聞いていた。こういう刺激が、参加した方々の瞳を輝かせ、旅に来て本当に良かったという満足度を上げる。

本当の旅というのは歴史や遺跡にあるのではなく、こういう一瞬一瞬の気付きや、人々がどんな生活をしているのか、その中に割って入っていくことではないか。

元教師というパブのオーナーと話した後、スタッフを想った。

この数年取材に同行してくれた編集スタッフのヨシやマモルがいなければ、こんなツアーのベースになる取材はできなかった。走り回った日々が幾度となく頭の中を駆け巡る。部長も含め四人が奮闘した月日は、本当に大変だった。時には地方から帰ってきたその足で、ロンドン市内のパブを走り回り、撮影し、私達のアングルが利いたロンドンパブ特集を作った。

そういう情熱の一つひとつがベースにあって、私達の雑誌ができ上がっている。それが本やツアーに結びついている。

継続は力なり、とはよく言ったもので、毎回体力に限界を感じてもツアーを継続していくことはやはり重要なことだと思う。そんなことをずっと考えていた。

パブでのランチの後、皆さんと一緒にコッツウォルズのウール工場に行く。小さな工房などを巡った後、バスは一路ホテルに戻り、しばらく待つとニックが迎えに来てくれた。

ヨシ達が泊まる宿というのはごくごく普通のB&Bで、なぜ、この宿を取材するんだろうと一瞬首を傾《かし》げた。実際中に入ってみても、巨大な人形が飾ってあるばかり。部屋を見ていくうちに、この家は、三カ月前の取材の際に訪ねたB&Bにとても似ていることに気付いた。その家も人形だらけだったので、オーナーの奥さんに「あなたの友達に人形を作っている人はいませんか」と聞いてみたが、いないわね、と言う。

おかしいなと思っていると、ヨシが飛んできて「編集長達が取材した家は隣ですよ」とすっとんきょうな声を上げた。びっくりした。

再度、「隣のシルビアさんという女性をご存じですか。彼女の家にもたくさんの人形があったんですよ」と私。ちょっと返答に困っていたが、今度は、知っているわと肩をすくめた。きっと彼女は隣の宿を紹介されたくなかったんじゃないかと思った。

それにしてもこういう偶然もあるものだ。

胸を弾ませて、隣家の愛情深きシルビアさんの所へ走って行く。

庭先から窓を叩くと、娘と息子さん、お孫さん、そして、シルビアさんと旦那さんが丁度、ホリデー先のポルトガルから帰ってきたところで、軽食を食べていた。

窓越しに、ハローと挨拶をすると、向こうもよく覚えていて、「隣に泊まっているんです」と言うと、「あら、まあ」と目をパチクリさせた。部長も、最後にはヨシもやって来た。いつ見ても、とても幸せそうな家族だ。

シルビアさんと旦那さんの後ろには、ギプスベッドに横になった障がい者のお孫さんがいたが、これが私の孫なのよ、と臆することもなく、嬉しそうに私達に紹介してくれた。

その自慢げな愛情満点のおばあちゃんぶりに見とれる私。

窓を全開にして話すと寒いでしょうと言ったが、今朝まで四〇度の所にいたから気持ちいいよとご主人。愛ある人達のオーラが食卓にあふれていた。

ひとしきりおしゃべりの後、ヨシ達の泊まる宿に戻り、七〇歳と九〇歳の母娘が同居してB&B経営をしている理由を聞く。

週一〇〇ポンドの年金では暮らせないことが主な理由とか。おばあちゃんは、九〇歳にもかかわらず（夜九時過ぎというのに）私達の汚れた皿をキッチンで洗っていた。その後ろ姿がすごく印象的だった。母親と一緒に住むことはとても愉しい。男の子だったらこうはいかなかったかもしれないと言う。長く元気でいる秘訣は「ずっと働くこと」らしい。

その後私は、ツアーの皆さんと一緒のホテルに戻る。

9月8日（木）

朝からヨシ、部長と合流。皆さんとウェールズとイングランドの境にあるロスオンワイを目指す。

一軒目のチャリティーショップで、レジ担当のボランティアのおばあちゃんに、週どの

古書の街ヘイオンワイのランドマーク「ヘイキャッスル」。中では、貴重な古書が販売されている。

くらい働いているかを聞く。ツアーの皆さん、身を乗り出して聞いている。スタッフのTとタカハシさんは数名をワイ川散策へ誘導。私と部長、ヨシは別のチャリティーショップへ案内する。皆とても愉しそうだった。

古書の街へイオンワイを巡り、宿泊先のヘレフォードのホテルは、イギリス版ビジネスホテルだった。トラックが行き交う街道沿いのホテル。ポーターもいない。

最後の夕食は敷地内のパブ。デニーズかと思うような店だが、けれど静かな個室に全員集まれて、エビのカクテル、チキンバーベキュー&チップスもおいしかった。

何となく手持ちぶさたな感じもしたし、テーブルも分かれていたので、今回の旅で一番手に入れて嬉しかったもの、見て、知って、良かったことをお一人ずつに話してもらった。

年長者のおじいちゃまはさすが年の功。

「今、この瞬間の皆の笑顔。終わり良ければすべて良し」とおっしゃった。

新聞社系列の主催のせいか、このような語り合う集いの中味が濃い。

私が洗礼を受けたキリスト教会の星野牧師の「聖書を読む会」を思い出す。皆、しみじみ本音を語り合う。

旅がゆっくり熟していくようだ。

ハムステッド、まだここに私の居場所はない

２０１１年12月20日〜29日

12月20日（火）

成田↓ヒースロー↓グラスゴー。会社に風邪の人が多かったせいか、飛行機に乗って寒気がした。

いつもの漢方薬を飲んだが、わき腹など体中が痛み、魔の薬ＰＬを飲む。一日中だるく、眠くなり、具合がさらに悪化。

機内で資料を見る気もせず、『長崎ぶらぶら節』、『ハリー・ポッター』の最終回を観る。『ぶらぶら節』は吉永小百合《よしながさゆり》の演技はすごいのに最後の終わり方が今ひとつだと感じた。

それにしても大事を取ってビジネスクラスにして良かった。

穏やかな客室乗務員さんが、何度もハーブティーを淹れてくれた。

最近体調に関係なく、フライトスタイルをじっくり考えるようになった。今回、長袖Ｔ

シャツにコートと軽装だが、冬なのにこれだけでも暑くなる。イミグレ（入管）では疲れて、体がヒーターのよう。

空港内も暑い。ヒースローでは半袖、タンクトップ姿もちらほらだ。

イギリスは寒いと、セーターやコートを着込んで出発すると、暑い機内と空港で大変な目にあう。

こんなことに三〇年間、いつも煩わされていたのに、薄着に切り替えたのはこの二〜三年。なぜフライトは暑いと覚えていられないのだろう。なぜ人は煩うことを忘れるのか。

いつもゴルフのラウンドのように歩かされる空港内。

私でもくたびれるのだから、親はもう海外は無理だろうか。なぜ長いコンコースをつなぐシャトルがないのだろう。旅に出るといろんなことが頭にうずまく。

もうろうとしつつも眠れず、同行の部長と来年の会社の運営、人事について話した。相談というより、聞いてもらう感じ。胸のつかえがとれ、鴨《かも》南蛮のうどんがようよう入る。具合の悪さと体の痛さとうまい出し汁。

ヒースローに着いて入管で「なぜ何度もイギリスに来るのか」と、メガネをかけた中年女性に聞かれた。

スコットランドで何をするのかとも。ただならぬ雰囲気だった。「観光」と部長が言ったが、不法就労者などと思われたら大変。「クリスマスホリデー」と付け足す私。

ターミナル5まで電車に乗り、長い道のり。携帯電話をなくしたことに気付きショックを受ける。あれがなければ私は宇宙の星屑。日本、イギリス、いや社会から遮断されてしまう。

12月21日（水）

空港で携帯をなくして以来、トラブルが続いている。今回は一日の予定がびっしりなのに、事前に十分な打ち合わせができなかったせいか。自分がすべてをやっていればこうはならなかったのでは……とも考える。昨年、時間がなく行けなかった、かつての紡毛産業の中核都市ピーブルズに向かう途中、BMWを運転する部長が「カーナビの電池が切れた！」と叫んだ。見るとシガレットケースとジョイントさせる部品がなく、充電されていない。

今回はへんぴな田舎の家々を訪ねるのに、ナビなしでこの予定は消化できない、と日本に連絡。ＢＭＷの姉妹店を探すように頼むも結果出ず。

部長がピープルズの車屋で聞いたところ、Ａ72を二〇分走った所に店があると聞き、ディスカウント店を目指す。

カウンターの女性が勧めたものでは接続できず、責任者を呼ぶ。

父が長崎の三菱《みつびし》造船所にいたというケニフ。

「これなら大丈夫。私を信じなさい」の言葉に、念のためと拝み倒してカーナビを見てもらうも、彼は絶句。借りた車そのものに問題があり、どの商品も無理だという。

頭が真っ白に。何ということ。

昔は地図一冊あれば、どこに行くにも不自由なかった。携帯電話もなかった一〇年前、私はどうやってイギリスを旅していたのだろう。

あの頃、不便ではなかったのに、不安もなかったのに、今はナビがなければパニックになる。地図があっても「人にいちいち聞く」煩わしさに狼狽《ろうばい》している。

昔、ノーリッジで道に迷った時、目的のＢ＆Ｂを窓越しに警察官に聞いたら、若いその人は、右、左と、一〇回ほど繰り返してルートを教えてくれた。

私は必死でメモを取りながらも、どこかで間違っているに違いないと思っていた。しかし、ジグザグに運転してみたら、ぴったりB&Bの前にたどり着いた。タクシードライバー、警察のプロ根性はすごい。私の自信のなさ、能力の低下は文明（ハイテク）が推し進めているのかもしれない。

最後にケニフはカーナビに蓄電池をつけて、行く先々でチャージする方法を教えてくれた。私達は方々でコンセントを借りることになるが、これしかない。

何度も部長の携帯電話から、約束時間を延ばし延ばしに。

ピーブルズのカシミア工場「ケアリーミル」にまた電話。受付の女性に二時までは空けているがそれ以降は無理と言われ、車を飛ばす。

小さな町の通りから少し上がった所にある、昔ながらのミル（工場）。入口がやや近代的で、応接間も散らかっていない。

担当のシャーロンさんは若く、オーナーのトムもあらわれる。

かつてエリザベス女王も訪れ、今は「バランタイン」のニットを生産している一七〇〇年代より続く歴史的工場だ。

工場取材後、一角にあるショップで製品を見ていたら、トムが意見を求めてきた。

カシミア工場の老舗「ピータースコット」は韓国が買収。現存するイギリスのミルで稼働しているのはうちだけだと言う。英国一古い工場が、ほかの人の手に渡るのは嫌だ。どうすればいいのだろうかと真剣だ。

けれど、このようなことを一介の訪問者に話すとは、よほど経営が逼迫《ひっぱく》しているのだろうか。

次の訪問地は、シーラという女性のファームハウス。彼女はB&Bとカシミア店を古い農家で経営しているそう。目的地はハーウィックのはずれ。部長に「大幅に遅刻しそう」と連絡してもらうと、スープを作って待っているのにと怒り気味。暗闇の農道をかっ飛ばし到着。目をこらすと、暗がりの中に浮かび上がる色とりどりのカシミアウールがガラス窓の向こうに見えた。丘の上の一軒家のようなのに、こんなに心躍らされる店はない。

聞けばシーラは、農業の経営難でニット工場に働きに出た後、ニットデザイナーのもとで働いた経験からこの店を考えだしたという。木々に囲まれたセレクトショップだ。気難しそうな彼女は、家の中をキッチンまで見せてくれた。ご主人ともども農家というシーラの家で最後はすっかり話し込んだ。

おいしいスープをあわてて飲んで、湖水地方へ向かう。

カーライルからM6に乗る。ボーダーから湖水地方がこんなに遠いとは。運転する部長が居眠りしないかと心配しつつ、自分が何度も寝てしまう。すでに到着時刻は二時間オーバー。

途中で休みつつ、漆黒の中を進む。ハイランドの海辺に立つ灯台の取材を思い出した。夜半着いたのは、ソイルアソシエーションの認定を受けた、湖水地方唯一のB&B「コートハウ」。女主人のキャロラインは、オーガニックを信じ、人生の情熱を注ぐ人。二人の子どもを育て、ティールームとB&Bを経営する才女だ。残り物で作ったというパスタ料理を食べる。バルサミコ酢がこんなにおいしく隠し味になるとは驚いた。

撮影後、夜一一時過ぎまで話を聞く。一七歳の娘も加わり、湖水地方の物価高と地元民が逃げ出すほどの土地の高騰ぶりを知る。五〇〇年同じオーナーが持っているこの家も、「買おうとすれば三億円近い」と聞き、びっくり。

子どもの頃から家族と湖水地方に来るのが愉しみだったそう。イギリス人にとっては、水遊びができて、歴史もある湖水地方は、コッツウォルズ以上に、憧れの地だという。

キャロラインは、近くの湖に愛犬を連れて毎日一時間散歩に行くという。彼女が語るオーガニックの思想は極端とも思えるが（ソイルアソシエーションの監視員の検査ぶりも税務署のようでもあるが）、こうやって愚直にルールを守ることで、正しいことが社会に定着していくのだ。

ナショナル・トラストやソイルアソシエーションなど、イギリス人の善の部分は、個人の強い情熱によって組織化され、守るべきものをはっきりと分けていくのだと思った。彼女もまた、畜産農家の貴族と同じく検査代に七〇〇〇ポンドも払っていると言った。約九万一〇〇〇円を自腹で払うほど、得難いものがあるのだ。

このような公的機関があれば、日本ももっと善いことが社会通念として定着し、ビジネスが後押しされ、人が頑張る道すじができるのに。

娘が、言わずにおれないと、「湖水地方にデスハウスが広がっている。都会に暮らす金持ちが週末やって来て数日泊まるだけの家。村にお金を落とさず、生活せずに、帰って行く。中国人、ロシア人も湖水地方をバスで見て回って都市のホテルに滞在する」と、訴える。一七歳でここまで社会を見渡し批判するすごさ。問題意識も高い。

自然と共存する喜びを知っているのは、母と子がたくさんの時間をかけて語り合い、自然と向き合ってきたからか。

広い客室はとても整っていて、「ピュアレイクス」という手作りソープのオーガニックな良い香りが漂う。

たくさんの一日のできごとをゆっくりかみくだく時間が欲しい。ロンドンの我が家でせめて数日ゆっくりできればいいが。

12月22日（木）

朝、部長が先に起きてキッチンで撮影していた。昨日リクエストしたスコーンももうできていて、オーブンに入れるだけ。

何でもテキパキこなすキャロラインは、部長が朝、ミルクを買いに行くのに同行するのを断ったとか。自分のペースが優先。オーガニックを強く信奉する女性に共通する潔癖な雰囲気がある。

遅くまでかかって読んだB&Bのパンフレットもすごかった。滞在中、車を使わなければ宿代五パーセントオフなど、たくさんのエコアイデアを何項目も連ねている。文書の整理法も立派で、すべてメールで取り寄せることにする。

それにしても、昼間はティールーム、夜はB&Bと一〇〇パーセント稼働する家。

キッチンは何回も洗っては着る服のよう。よく使い込まれた家はいい香りに満ちて、イキイキしている。住という役割以上の力を発揮している。私もいつか家で何かをしたい。

彼女は五一歳、私より一歳年下。

運転中、日本からメール。デントに住むソフィーが取材の日にちを間違え、ご主人だけが待っているという。クリスマス前だから用事も重なるだろうが、話したかったソフィーがいないことに気抜けした感じ。

急いで湖水地方からデントへ向かう。ヨークシャーの緑の美しさの中をうねった道が続く。羊に道をふさがれることなく、意外に早く着き胸を撫で下ろす。

出迎えてくれたソフィーのご主人から、親戚の女の子がタータンのとてもかわいいバッグを作っていて、ソフィーが君の意見を聞きたがっていると言われた。それなら実用的なA4サイズがいいと私。

使えないバッグを買う女性はいない。バッグは大きく、ポケットも多い方がいい。

それにしても、こういう人里離れた村に文化があり、皆が欲しがる物作りの拠点となっていることがうらやましい。

その後、夜道を運転する部長が疲労で苛立つ。モーターウェイで中部まで下ればいいものを、わざわざスキプトン経由の真っ暗な県道を選ぶとは。羊がウロウロする、一筋のライトもない山道で、転落したらどうするつもりだろう。結局、今晩泊まるハダーズフィールドまで三時間半もかかった。途中、ハリファクスを通過した時、巨大な工場が見えた。暗闇を射貫《いぬ》くような大きな煙突はまるでモニュメントのようで、産業革命の象徴というか、工場労働者の怨霊《おんりよう》を見たよう。闇に浮かび上がる羊毛産業の歴史シンボルに身震いがした。

ハダーズフィールドの宿は家族経営とはいえ、一見ビジネスホテルのようで何という特徴もなかった。街は若者が暴れ回り、イタリアンの味も店もひどかった。だが、ホテル夜勤の中年男性が大学に通っていると聞き、びっくり。口調が穏やかで物腰が柔らかい。歴史にも詳しい。聞けば五八歳とか。おしゃべり好き。卒倒しそうなくらい疲れていたが、真剣に話を聞く。三〇年間嫌いなことをしてきた。

自分の求めていることは仕事ではなく、何か違うことをすることと気付きながら。会社を辞め、今は週末のホテルで夜勤のバイトをしている。わずかなお金しか入らないが、今は自分は学位、博士号を取るために勉強している。素晴らしいことだ。幸せだ。教育はどんな人でも何歳からでも受けられる。これはイギリスの良いところだよ。

先日、四〇名のケミストリーコースで一番を取ったという、元医療品メーカーのセールスマネージャー。

12月23日(金)

このホテルを見直した。「フォルティ・タワーズ」という中級ホテルを舞台にした英コメディードラマの舞台のようだ。

昨日の夜勤中年大学生に続き、朝食には老齢のジェントルマンが、日本とイギリスの国旗を持ってあらわれ、これを持って写真を撮らせて欲しいと言う。そういえばホームページにアフリカ人、ブラジル人が国旗を持って写っていた。

壁に貼《は》ってある大きな世界地図には、宿泊客の国にピンが打ってある。聞けば、ホテル

ビジネスホテルのような宿にも、手描きラベルを貼ったホームメイドジャムが並ぶところがイギリスらしい。

にはオーナーの考えで世界中の国旗が常備してあり、表にも宿泊客の国旗を掲げるという。VIP扱いだ。メイド、シェフとスタッフも次々と出てきては旗を持つ私を見て腹を抱えて笑っている。

ジェントルマン氏は元エンジニア、リタイヤした後ここで働いている。ひょうひょうとした口ぶりで、お金のためではない、何か新しいことをすることが愉しいからと言う。年をとっても継続できる何かを持つことは良いこと、と。知的でユーモラス、礼儀も素晴らしい。

このようなキャリアある中高年が、このさびれた街で就活したら、経験もやる気もない若者ははじかれるだろう。求人は少ないのだし。

おとなしいシェフは二七歳。カレッジで料理を学び、このホテルに雇われているという。日本でイギリス料理を作って欲しいと頼むと、快諾してくれた。

強行軍に疲れていたが、人に出会い、力をもらった。美しく磨き上げられたB&Bも良いが、このような気のおけないホテルは何が飛び出すかわからない。

シリアルバーが並び、好きなものをチョイスするセミバイキングの朝食。オーナーの自宅の庭でとれた材料を使った自家製ジャム「ストロベリー&ミント」「ラズベリー&ルバーブ」がとってもおいしかった。

一日ヨークシャーの工場を取材した後、ヘブデンブリッジへ。

今はテキスタイルの街になっている一帯は、山の頂まで要塞《ようさい》のように黒々とした石の家が並ぶ。嵐が丘にも近く、ムーアが広がる粗野な風景。

夜半、オーガニックにこだわるという宿に行く。インテリアは素晴らしいが、今朝のホテルのインパクトがすご過ぎて、今ひとつなじめない。

夕食は街でギリシャ料理。つけ合わせのライスはシェフのおばあちゃんのレシピとか。「堅い大粒ライスにチキンストック、オニオン、きゅうり、にんじん、シナモン、スパイスを入れ、オーブンで加熱。味を染みさせて完成」

とてもおいしかった。今度このギリシャ式味付ライスを作ってみよう。

12月24日（土）クリスマスイブ

今年のイギリスはどこに出向いてもクリスマスムードが薄い。二〇年前はイブともなればもっとわくわくして、大きな喜びの潮流にのまれていたのに。

宿の奥さんは、今日は家族が来るから一〇分しか話せないと面倒そうなのに、いったん話しはじめるといつまでも延々しゃべり続ける。

彼女は二度目の夫を亡くし、ノーフォークの娘の近くに越す予定という。この素晴らしいコテージを三五万ポンドで売りに出しており、何とか地元の人に買って欲しいそうだ。昨日訪ねてきた彼女の友人も堂々とした中年カップルで、一人になってもやるべきことがあり、友達がいてアクティブな生活だと思った。

せわしない奥さんが朝食をとる私の横に立ち「うちのB&Bに泊まって、気付いた点があったら教えて欲しい」と言うので、街までは少し遠いのでゲストに夕食を出した方がいいのではと言うと、「これ以上の仕事は無理。一〇〇パーセントゲストのために私の時間をかけることはできない」。

公私を区切る線の引き方は、イギリス的だがヒヤッとする。

夕食を出す以外は思いつかなかったため、提案終了。

古いコテージは狭く、デッドスペースも多いが、そこにピッタリはまる家具や道具を見つけてきて、ていねいな部屋作りをする愉しさがある。壁には皿が飾ってあり、皿の大きさも並べ方も（くすんだ緑の壁と白い皿のコンビネーションも）素晴らしかった。すべての部屋にストーリーを作りだしている。彼女も五〇代。こんな暮らしに強く憧れる。

それにしても、今回のネックはカーナビの不備。

常に携帯電話とカーナビの充電に気を取られる。

別の取材をしていたアシスタントのノブと合流し、モーターウェイを下りて東へ。何度も迷いつつ七時過ぎに、クリスマスに滞在するドーバー海峡にほど近いカントリーコテージに到着する。小さな村のコミュニティーと、クリスマスディナーを取材するため。

電話での道案内の口ぶりから口うるさいおばさんかと思いきや、若い女性が玄関に立っていた。美人。やや陰りもある。キッチンにいる若い男は恋人で、彼ははしゃいで私達に客間を見せてくれた。

彼女のインテリアのセンスに驚く。料理も上手で、ローストチキンも柔らかく、野菜のパイもおいしかった。

食事しながら二人の馴れ初めを聞いた。

夫と別居する女主人マリアとエンジニアの彼は三カ月前に恋に落ちた。ゴマアレルギーの彼が出張でこのコテージに泊まったことがきっかけ。

「ドアを開けたとたん、微笑んだマリアを見て、この女性にはかつて会ったことがある！　と運命を感じたんだ」。

おばあちゃんから譲り受けたという、どの女性にも渡さなかった指輪。それを彼女に贈ったそうだ。ダイヤが一つ欠けた古い指輪。いぶされたようなゴールドリング。男は喋り続ける。彼女の人へのいたわりが大好きだ、結婚したい、そして今日から共に暮らすと、今日初めて会った私達に宣言する。あまりに二人があけっ広げなので、たじろぎつつも、おめでたい席なのだと、のろけ話をずっと聞く。

ワインを飲みつつ、明日はサンドリンガム宮殿にいる女王に会いに行こう、とはしゃぐマリア。クリスマスらしいドライブ計画に私もわくわく。

次第に楽しくなってきたのに、ディナーの後、男が私に「僕らはずっと続くと思うか」と聞いてきた。なぜだ。さっき結婚宣言したばかりなのに。何か心配事があるのか。彼の生命線の細さ、気になる。

あまり考えずに休もう。彼女が早起きしてパックランチを作ってくれるというし。

12月25日（日）

クリスマスデー。

早朝、駐車場にマリアの恋人がいた。洗車だろうか。この寒空の下。

約束の時間に、部長が「僕らは用意ができましたよ。行きましょう」とキッチンにマリアを探しに行くと「何時に出られるかわからないわ」とうつむくマリア。おかしい、ケンカしたのだろうか、彼女はずっと携帯を見ていた、と部長が言うので、しばらく室内など撮影。

再びリビングに行くと、「今朝、彼が荷物をまとめて出て行った。シャワーを浴びて寝ます」という彼女の走り書きが置いてあった。

え――っ!!　クリスマスなのに！　しかも昨日から同居をはじめたばかりなのに！

「彼だって何も手につかないはず、きっと戻ってきますよ」と私もメッセージを書く。

そこにいても気づまりなので、スタッフをともない近くの海岸に行く。

海に面したB&Bは、客がいないのか開店休業。家族連れは労働者階級らしき出で立ち。こんな貧しそうな街で「クリスマスディナーを、孫や息子夫婦と食べにカフェに行くのよ」と喜ぶおばあちゃんに出会う。その表情は、幸せに輝いていた。

クリスマスディナーに合わせて、コテージまで戻る。お腹もすいたし。すると、玄関のドアノブに彼女あての手紙がはさんであった。出て行った彼からだろうと掃除をしていたマリアに渡したが、彼女は冷たい表情のまま、それをポケットに入れた。

私達はとりあえず、恒例のクイーンのスピーチを見るためにテレビの前に座る。

クリスマスディナーのワインは、素晴らしく甘くおいしかった。会話の最中も、時折うつむくマリア。かける言葉もない。

食事中に、ハウスキーピングの話を尋ねようと、服の収納をどうしているのと尋ねると、「私は服を持っていないの」と突然泣き出したマリア。別れた前夫にすべて燃やされたと言う。狼狽する部長、スタッフ。凍る私。

デザートのクリスマスプディングを食べている時、思い切って「大丈夫？」と尋ねると、何か口ごもり、「ちょっと外出するわ、また明日の朝ね」と席を立った。

一時間後、ドアをガンガン叩く音が。男性と揉める声が聞こえる。スタッフ全員、大丈夫かと廊下に飛び出すと、「鍵が壊れているの。放っておいて！」と叫ぶマリア。

その声は尋常ではない。

やがて、誰かとキッチンで話している声がコテージにくぐもって聞こえる。

昨晩、プロポーズ、幸せの絶頂、だったのに。痛々しくも気丈に振る舞っていたが、余りに繊細で消えてしまいそう。

昔の自分を見ているようでいたたまれない。

12月26日（月）

ボクシングデー。昨夜《ゆうべ》、ノブが一階に下りて行った時、彼女が泣いていたという。ドアを叩いたのは出て行った恋人だろうか。彼は戻ったのか。そうであれば朝の笑顔もよくわかる。

おはようと微笑んだマリアは、朝日の中で美しく、『シェルブールの雨傘』のカトリーヌ・ドヌーブのよう。

ショートカットのプラチナブロンド。グロスを塗った唇が朝日にキラキラ輝いていた。「昨夜、お湯が出なかったわ」と言うと「昨日お湯が出なかったのは、手紙に書いたとおり悲しくてシャワーをずっと浴びていたから。だから謝らないわ」と言った。

クリスマスに恋人が去るというショッキングな事件の後だけに、笑顔を見るだけで十分とうなずく（感情移入し過ぎかな）。

こちらも重たい気持ちで気まずかったクリスマスだったけど、マリアは愛すべき人だと流そう。

帰路、一時間少々でロンドン郊外。体中の緊張がほどけてほっとする。地方から戻るハムステッドは、邸宅街にはじまり、ハムステッド一番の高台に位置するホワイトポンド、ヒースストリート、それを目で追う時間が蜜《みつ》のよう。

車を返しに行くが、カウンターの黒人男性が、最初から使えなかったナビについて私達が壊したと言いがかりをつけてきた。冗談じゃないと説明すると、今度はボディーを傷つけたと賠償金をかけようとする。

見ると小さなかすり傷。これは最初からあったものだ。だが「ネバーマインド、気にすんな」と、グラスゴー支店では書類に記入されなかった。

「この国は、サインしたらすべてお前の責任なのだ」と男。

バイトのポーランド人は、どっちの気持ちもわかると日本人のようなことを言い、オロオロするばかり。

「道に迷って事故を起こすところだったのよ。ナビもつかないポンコツ車のせいで！」と、ついに口論となり、男は私達を警察に突き出すと息巻く。

部長は余計なことを言ったと私に怒るが、まったくバカバカしい。男が私に「お前は今すぐ外に出ろ」と言うので、一人ホテルの前で待っていると、部長と男がやって来た。

「彼のために今回は許してやる」と男。あまりの理不尽に怒りおさまらず。

夕方、スタッフのコウジと「M&S」で待ち合わせ。

オックスフォードストリートは通行止めで、デパート「セルフリッジ」は大混雑。

インド料理店撮影後、スーツケースを追加で購入、ホーリーロウに戻る。我が家に戻れたのは嬉しいが、先程のレンタカー屋の件で落ち込み繊細なマリアを恋しく思う。こんなこと初めてだ。

つられるように、家に戻った時からおかしな音が鳴り響く。セキュリティーに電話して、解決するのに一時間。今回はやっかいなことが多い。

12月27日（火）

朝六時から洗濯。命も服と共に洗濯できた。

本日は半日オフ。買い物から帰宅すると東京より「締切りが早まりました」のメール。

しばらくで良いから、ぼんやりと過ごしたい。

それは、途方もなく贅沢で、してはならない（というか、できない）ことだ。

午後三時過ぎにヒースの彼方《かなた》より、まるで目覚めたばかりのような小鳥のきれいな鳴き声が聞こえる。

やっぱりここは天国だ。

12月28日（水）

朝から片付け。「g」のクロワッサンをコウジに買ってきてもらい食べる。このクロワッサンを食べるために、ずっとハムステッドに住んでもいいと思うくらいおいしい。この頃、「これをぜひ食べたい」という特定の食欲が、自分の中からなくなった気がしていた。緊張とストレスのせいか。あるいは、食べることより、もっと心躍る体験を重ねてきたせいか。そんなことを考えつつ、クロワッサンのパリリとはがれる薄皮にしみ込んだバターの味を、しみじみとかみしめる。

一〇時に管理会社のモリさんが来て、ホーリーロウに戻ってきた時のアラームトラブルについて話し合う。私達の住まいを管理してくれる彼女の細やかさが嬉しく、このような社員を抱えるドンに同じ経営者として敗北感すら持ってしまう。

部長とコウジはピカデリーの書店へ集金に出かけた。私はハムステッドをうろうろする。

クリスマス明け12月27日からは世界中の人が買い物に集まるウィンターセールが開催される。

ハイストリートはセールで、しかも夕暮れ時には、ボンボンのようなイルミネーションが木に灯《とも》り、きれい。「ニコラスフォース」という店であれこれ服を見る。生地の成分と、どこの国で作ったものかを尋ねる。服をひっくり返して、中国製だと気落ちしてしまう。この頃、この製品を買うことで、どこの国の労働者が潤うか、考える。ポルトガルでも、ベトナムでも、インドでも良い。だが、これ以上中国を巨大化させてどうなるんだろうという懸念がある。こんな大切なことに今まで気付かず、何枚服を買っていたのか。やはりヨーロッパに来たらEUで作られたものを買いたいなあ。

その後、紳士服店の多いサビルロウでスタッフ二人と落ち合う。夕刻、早々と閉店するこの一帯、静まり返った道を歩いていると、一泊二五ポンドの格安B&Bがあった！　しかもビュッフェスタイルのロシアレストランもあるという。ロンドンの中心、ピカデリーサーカスの裏手と思えぬ安さにリサーチしようと駆け込む。しかし、階段を下りると入口は薄暗く、階下の赤い照明のレストランにはチンピラ風の男がいた。客はゼロ。ビュッフェもなし。女性専用というドミトリーを私だけ見せてもらう。フィリピン人の若い女が床に座っていた。二段ベッドにも、つながれているような女性達が。

部長とコウジは、レストランとは隠れ蓑《みの》で、ここは売春宿ではないかと言う。

一時流行したドラマの『ツイン・ピークス』のローラの父親のような男と、狭いエレベーターで二人きりになった時は、心底こわかった。安いから雑誌で紹介しようかという考えも吹っ飛ぶ。

12月29日（木）

朝からドンに会うためバタバタ。

帰国に向け荷物の仕分けなどしていると、いつものクロワッサンを食べたくなり、早々に家を出る。これで食べおさめ。どんぶりのように大きなカップでレギュラーコーヒーを飲みながら、もっとゆっくりしたかったと思う。

ドンは、間違えて三〇分早く着いた私達に困惑気味。それでも一時間ほど話す。

彼は戦後の日本の諸悪の根元はマスコミ、と力説。政治は優先課題のチョイス、イギリスの政治家は一〇年、二〇年先を考え突き進んでいると、イギリス人の恩師と同じことを言う。先立つものは金。金がなければ国は建て直せない。そのための増税を総理はやるべきだと主張する。

しばらくイギリスにいて、たくさんの人達と話していると、日本の迷宮から抜け出した感じ。ああでもない、こうでもないという日本式の渦巻きは、はるか彼方に過ぎ去った。

これは何なのだろう。この感覚はどこから来るのか。

わかっている。イギリスで受けた刺激だ。それが私を覚醒《かくせい》させている。

それぞれを形成する人の生き様、発想法や価値観が、もしかして日本にはもうなくなったのではないか。ないから、見えるものをつつき、問題視して空虚な洗濯機のスピンに皆が押し流されているのでは。

もっと人は、たくさんのことができるし、人生は素晴らしいものだと、名もなき人々が身をもって知らしめてくれるユニークな社会。そういう社会で暮らしていくうちに、自分には何ができるのか、アイデアや行動意欲が湧いてくる。

逆さまに振っても血の一滴も出ない、日本は空っぽになってしまったのか。

一瞬、妙に自由で、もの悲しい、人生の終わりに立ったような気がした。

しみじみとこの街を愛しているのだが、まだ、ここに自分の居場所はない。

灰色の風景ごとどこかに流れて行ってしまいそうなハムステッド。冬の午後。

家に戻り、片付けたベッド、窓からの景色を写真におさめる。

キャブの運転手は生真面目なアンクルトム風、黒人のおじさんだ。黙って荷物を運んでくれた。その仕草を心に刻む。

ヒースを通りぬけるあたりから、可能な限り何軒も何軒もレンガの家の写真を撮る。

新しい年がはじまろうというのに、過ぎ去って欲しくないキラキラした思い出をなぞってばかりいる。もう行きましょうと誰かに引っ張られるように、自分の陣地に戻るのだ。

モーターウェイを走っていると、ついこの前の、壊れたカーナビに四苦八苦しつつ、スコットランドから南下した日々が頭をかすめた。

雲がゆっくり移動する午後。

第4章

私はいつも誰かに助けられている

更年期障害なのか

2012年3月9日〜13日

3月9日（金）

成田行き。二日前からなぜか声が出ない。仕方なく、身振り、手振り。ゼスチャーで何かを伝えようと試みると外国人はより親切になる。

今朝も吉祥寺発のバスに乗り遅れそうになる。

満員の車内、同行スタッフのTと二人バラバラに座るも、隣のドイツ人青年が「フタリデスワリタイ？」と席を代わってくれた。日本人なら携帯電話に夢中になるか、寝てるか、こんな気遣いを思いつかないかも。いや、見て見ぬフリが多い。

彼は言語学のマスターコースを修学中だと、横に座った日本人大学院生らしき女性に話していた。

収入も二極化、知性も学力レベルも二極化？

成田は大混雑。三月の何でもない平日。皆、どこに向かうのか。最近の首都直下型地震予測の報道で外国人が日本を脱出しているのだろうか。

バスの中は寒く、反対に空港は蒸し風呂のよう。

かなり学習しての、オーガニックコットンのロングTシャツ＋スパッツ姿。コートを脱げばほとんど寝間着のような格好。回を増すごとにひどくなる(誰にも会いませんように)。

それでも暑い。仕事中も時々、とんでもなく顔が火照り汗が噴き出す。

ホットフラッシュ？　もしかして更年期障害がいよいよはじまってる？　いや、深く考えるのはよそう。

心配すればどつぼにはまる。私には依然やることがある。体調を憂うより、いかに良い野菜をたくさん摂るか、快適に寝るか、さっさと仕事を片付けるかだ。

妊娠中つわりを一度も経験しなかった私には、更年期障害も来ないかもしれないし、体の変調はあっという間に通り過ぎてゆくかもしれない。

機内誌を開くと、「ティファニー」や「フェラガモ」の免税品がたくさん載っている。

けれど、甲府《こうふ》の宝飾工場の方が「ありゃ、うちが作っとるんじゃわい」と言ったっけ。

コッツウォルズの香水工房でも、大好きな王室御用達Fの香水について「あれはうちの製品よ。ほら、調合室はここ」と言われた日には、有名ブランドの価値とは何だろうと改めて考えさせられる。

大量生産して、ワールドワイドな流通に乗せるには、中国をはじめ、人件費の安い国での物作りは避けられない。ヨーロッパで生まれた経歴をくっ付けただけの、中国製ブランド品の価値とは何だろう。

だから私は日本でも、イギリスでも、少数ロットの材質にこだわったものに惹かれる。今回は秋に出版する工房紀行本の取材。考えるだけでわくわくする。私が見つけたイギリスの物は日本で受け入れられるか。


ヒースローのハーツレンタカーは、とても感じが良かった。車はBMW。大きいので心配していたが、空気圧良し、ナビも問題なし。けれど、東部サフォーク州のイプスウィッチまでの夜間の道のりは遠く、到着は八時過ぎになるとか。四時半から約四時間の運転。金曜日の夕方、道がこれほど混むとは思わなかった。

街道沿いのホワイトコテージの夫婦はひと目で良い人だと思った。

イングランド中部のダービシャーから移ってきた、再婚して二年ほどだという二人が運営する宿は、リピーターが多いらしい。元会計士の夫は、会社倒産で企業年金がもらえず、妻に押されてB&Bをはじめたとか。

こぢんまりしたツーアップ、ツーダウン（一階に二部屋、二階にも二部屋）のコテージが二つ。小家をつなげた火打石の住居。

奥様のジンジャービスケットがおいしかったこと。

3月10日（土）

イングランド東部イプスウィッチから中部ハリファクスへ。

今日からいよいよ工房巡り。いくつかの服や靴を作る工房を訪問すると、あっという間に日が暮れ始める。ハリファクスの宿に向かったところ、到着が八時半となり、宿の老夫婦は少し怒っていた。

夕食は野菜のパスタ＋プリン、自家製ラズベリー。

私達と一緒に食事をする予定だったという二人は、私達が食べはじめるとテーブルに着き、「昨日はインスペクターが来たのよ」などと話しだした。もてなし好きな人達に久々に会った。

七〇歳手前の妻のパットは、ハリファクスの歴史やコミュニティーについて、あらいざらい教えようとし、二歳年上だという夫は、織物産業の歴史やミルについて話す。英語が飛び交いメモが追い付かず。

パットは、今、ハリファクスの産業と街の関係について本を書いているという。話すほどに面白いネタが出てくる四つ星B&B。

それにしても今回は、今まで以上に長距離の運転がきつい。Tも大変そう。

夜間（日本は昼間）、編集部からは延々とできない理由を並べる報告ばかり。イギリスに来てまで雑事であたふた引きずり回されるのは、根本的な組織の構図がぶれているからか。仕事とは一人、二人、少人数の才能ある人でまとめられるはずでは。その見極めが私のすべきことだ。

3月11日（日）

ハリファクス↓デント↓ロンドンビクトリア↓ハムステッド。

結局、昨晩は夜半から明け方まで起きていた。イギリスに来ているのに、頭は切り取られて東京に飛んでいる。

昔、スコットランドのセントキルダに同行した人が、私の仕事ぶりを見て、やらされているる感がないと感心してくれた。自分で何かをやろうとしていると。そんなことは自営業だから当然なのに。物書きは取材しなければはじまらないから当然走り回るのに、彼の職場でも動かぬ人々がいるのだろうかと思った。

階下に下りるとTが御主人とニワトリ小屋に卵を取りに行く用意をしていた。探し回っていた私のカメラ二台はしっかりTの首にかけてある。何ということ。長い取材ではケンカじみたやりとりもある。日本語でもニュアンスで相手にわかる。私とTの応酬。だが幸いなことにこの夫婦は見事に動じない。

御主人は朝食の用意をする構えで私達を連れて、コッツウォルズのはずれで見たような天井の高い、まるで聖堂のような納屋に連れて行き、そこからニワトリ小屋に出るんだと長靴に履き替えた。私達は感嘆しながらその光景を見ていた。

朝ごはんを御主人が作り、私達は部屋の撮影をしていた。出てきたスクランブルエッグとオムレツは卵の色が黄色というよりも、ソースの色かもしれないが、少し灰色がかっていて、一口食べると、それはそれはおいしい濃い味だった。

朝に晩に卵がないか探しに行く生活。幸せだろうなあと思った。

先日も豚を友人から買ったのだという。友人が飼っていた豚をブッチャー（肉屋）を呼んでバラすので、おいしい部分を何ブロックか分けてもらったのだと。

この夫婦は羊と山羊と、そして馬も飼っていると言った。

先週、山羊が死んだ時には、悲しくて悲しくてずっと泣き続けていたというが、その反面、ラムなどを食べるために解体する時は、約一万円の値段でブッチャーを呼び、バラしてもらって肉を保存しているのだという。

ペットのように家畜を飼いながら、おいしい食べ物にするため殺生をする。私にはできないけれど、家の庭にはリンゴ、プラムなどたくさんの果実や野菜が実り、二人が満腹になるだけの自給自足。

旦那さんはもともと魚の卸売りをやっていたそうで、奥さんは教師をしたり大学に通ったり、いろいろな顔を持つ。

普通のカップルが長く連れ添ってこのような生活に行き着き、部屋が余っているからB&Bでもはじめましょうかと、夫の失業を機にスモールビジネスをスタートさせる。

第二の人生に転向することが不幸につながっていないところに、夢を感じる。

別れ際、パットが「ハリファクスにはテキスタイルに興味を持つあなたが行くべき場所がたくさんある」と、背中を押す。

チャールズ皇太子がハリファクスに来て、あの大きな煙突のある工場をほめ称え、よくこれを残していたものだと言ったそうだが、本当にこの周辺には工場が多く、それは昨年一二月に来た時に私を震撼《しんかん》させた。

夜に見る工場はまるで魔物のよう。巨大な建物と先のとがった煙突が夜空に突き刺さるようにそびえ立っていた。まるで私の著作『夜にそびえる不安の塔』の表紙のようだと思った。

天候が悪く作物を作ることが困難だったヨークシャー。農作物を作ることは豊かさの象徴だとすれば、絶海の孤島セントキルダでもそうだったけれど、「紡ぐこと」は、生きることが大変な土地柄の人達が、選択する道のような気もする。

すっかり心が満ち足りた私達は、一路、ニットデザイナーのソフィーが待つデントに向かう。デントに向かうにはソフィーの旦那さんが「エキサイティングロード」と呼ぶ、山の尾根を上がったり下がったり、まるでジェットコースターのような道を走らなければいけない。

そこは車に乗っているだけで、めまいがするような急転直下の道で、これを一二月の夜に走ったと聞かされた時には身の毛がよだった。

車の外を見れば断崖《だんがい》絶壁の谷間。車はすれ違えず一本道で、それがガードレールもなしに細く長く続いている。


デントではソフィーが待っていてくれた。

彼女は今日一日中ラジオを聞き、私達のことを考え続けていたという。

ソフィーに言われてハッとした。今日は三月一一日。

日本を大きな津波が襲った日から一年たつ。イギリスではあらゆるメディアがそのことに触れているという。

ソフィーに今度は首都圏に大きな地震が来るかもしれないと話すと、「それで、あなた達はどうするの？」と、何か手立てはあるのか聞いてきた。私が「何もない。ただ普通の生活を続けるだけですよ」と言うと、「何もできないのよね」とあわれみを持って言ってくれたが、いつもと違う慈愛の表情にびっくりした。

新作ジャケットをたくさん作っていたソフィーは、一緒に仕事をしているという女性と二人で、撮影用にどんどんセーターを着てくれた。

私が彼女の服を大好きだということがわかっているのだろう。私達は一生懸命新しい色や形について話をした。もっとも私が気に入ったのは、大きな襟のついたニットコートだった。鮮やかなフェルトを編みこんだコートはとても素敵だった。

ソフィーは常にいろんなデザインに挑戦しているが、彼女の強みは、淡々と同じことを続ける力を持っているということ。そして才能と生活力というバランスの保たれた人だということとだ。

ビジネスウーマンとしても、コミュニティーの中心人物としても。

デントのいにしえのニッターと、とても仲が良かったように、彼女はいろんな人とアクセスして、安定した創造力を発揮する。

彼女が作るボタンジャケットはいつもちゃんと包装されて、きれいに折りたたまれている。

スチームアイロンでセーターを一生懸命プレスしている横顔がとても美しかった。

取材を終え、一路、ロンドンに戻る。

その道のりの長いこと。もう地獄のようで、一時間ずつ休憩をとりながら、結局六時間かけて、ハムステッドまで戻った。

ロンドンでM1を下りた時はとてもほっとした。東京の吉祥寺に戻ったような感覚。

たくさんの荷物や資料を部屋まで上げ、何とか一一時過ぎに、ビクトリア駅までレンタカーを返しに行く。

誰もいない駐車場。返し方がわからず困っていると、同じようにキーボックスに書類を返そうとウロウロしている旅行者がいた。アメリカ人の彼らもよくわからないという。

彼らについて行くと「多分ここに書類とキーを入れればいいんだよ」と、ゲート横のボックスに鍵を放り込んだ。

見ると目立たないサインボードに「返却口」と書いてある。

ロンドンでも数少ない二四時間OKのレンタカー返却場なのに、もっとわかりやすく、ていねいな案内ができないのだろうか。

日本人が大いに戸惑うサービスのローテクはロンドンのいたる所に残ったまま。

3月12日（月）

朝早く起きて身支度をし、ロンドンの一日にやることをやり切ろうと、恒例の豆のサラダとクロワッサンを食べる。

午前中に管理会社のモリさんと、ドンを訪ねる。まずモリさんのオフィスを訪ねると、彼女は素敵な黒のセーターに紺のパンツ姿。最近気付いたが、彼女のスタイルはいつもモノトーンが中心で、それは、とても好感が持てるものだ。

ＴＶライセンスをどうするかということ、それからホーリーロウの今行っている修復工事で外側の窓の桟もやり直さなくてはならないことがわかったと伝えられる。

修理費が追加されることの説明を受ける。

家主のロッテンバーグ氏による、大規模修繕。この国では七年に一回、外壁のお化粧直しをするのがしきたりという。

築一二〇年の古い家は、大切な大切な資産なのだ。

続いて、ドンを訪ねると、機関銃のように「日本人学校もあるアクトンタウンに素晴らしいフラットが出たから見に行け！」と言う。

「二度と出ない物件」とはどんなものかを知るためにも「行きましょうよ」とＴに言われ、地下鉄に乗ってアクトンタウンを目指す。

ホームで地図を見ていると、さっき別れたばかりのドンがやって来た。オックスフォードストリートに用があるという。「日本人学校がアクトンから撤退することはないんですか」と尋ねると、「それは絶対ない」と言う。目の前には日本人医師の病院もある、ロンドンの日本人コミュニティーの中心地だ。

話の流れから「この前の本面白かったよ」と言われた。

ドンのようにイギリスでビジネスを起こし、一線で活躍する人にほめられると嬉しい。忙しい彼は、電車の中でも寸暇を惜しんでいろいろな話をしてくれた。

人生の中で、長く尊敬できる人は少ないが、彼の戦闘的な仕事姿勢は素晴らしいものだ。だから従業員も着々と業績をあげるのか。

「社長としての器」という言葉があるが、私にはクリエーターか、経営者かという迷いがいつもある。

社長としての器が人を引っ張り、従業員を安心させ、やる気を与え続けることだとすれば、私はこれまでかかわった社員にその都度、力を与えることができたのだろうか。

「影響力」という評価も定番になったが、次のステップに進もうとしている私は、ドンのような器のなさを歯がゆく思い、それも仕方のないことかとおさめる。

立派な人に会うと、いつも私は、「私自身の生き様」とか、「これから」のことなどを突きつけられ、心の平和が乱される。

地下鉄は時々止まりながら、ようようアクトンに着いた。駅は大きく、ハムステッドとは大違いだ。多くの日本人駐在員が住んでいる街と聞いた。

もらった地図を見ながら現地に向かう。その素晴らしいフラットは、今、建設中だが「ショーフラット（モデルルーム）だけでも見るべき」とドンが言っていた。正直、新築物件のモデルルームはイギリスでも何軒か見ていた。狭くて、モダン、という印象。駅から歩いて五分。そしてすべてが新品という条件はロンドンで希有《けう》。日本人にとって、とてもいいものだろう。

玄関はオートロックになっていた。ドイツ製キッチン、広めのバスルーム、中庭に面したウッドデッキ付きの住戸は魅力的だ。でも、私が一人で住むなら二階以上の部屋がいいな。バルコニーも付いているし、何より開放感がある。

ポーターはいないものの、セキュリティー万全で、ハムステッドとまったく違うロンドンの景色に「賃借需要があるんですよ」という言葉を何度も思い返していた。

私にとって、不動産選びとは「自分がいつか住んでもいいなと思う場所を選ぶこと」だという概念があり、投機目的のものや、株とは違うものだと思っていた。もちろん、ロンドンの住宅を投資対象にしている人が多いことも知っているが。

ここはヒースローからも二五分圏内と、ヨーロッパを拠点に動き回る駐在員にはロケーションも広さもちょうどいい。

気になったのは、近くに並ぶ店が、NW3エリアとはまったく違うこと。あれこれ考えるために、販売担当の女性に部屋の向きを細かく聞いていった。ほとんど売れて残りはわずかという。すごい人気なのだ。ディベロッパーも有名どころだし、安いし、当然かもしれない。

ショーフラットを出て、駅までの途中に学校があり、そこに小さい水仙がたくさん咲いていて、それが春の訪れを表すようで、思わず写真を撮った。

黄色い花が、幹線道路沿いにたくさん広がる光景、イギリスならではだと思った。日本の都市部で学校周辺に緑地帯があれば、それは必ず整備され、歩道が作られるだろう。単なる原っぱとして放置されることは、珍しいのではと思った。

これがとてもイギリス的なのだと思いつつ、イズリントンへ向かうため、地下鉄セントラルラインに乗った。

スタッフはこっちに来てからというもの、車の運転ばかりしているので、かなり疲れている。私自身、今回のスケジュールは相当こたえている。それでもやらなければいけないことがある。

何の手も入れていないグリーンカーペットに水仙の花が広がる春。

ふとホーリーロウに運んだ資料のこと、あれをどうやって整理すればいいのか気になった。

3月13日（火）

早朝、ホーリーロウの外壁補修のため組まれた足場にハトがやって来るようで、その鳴き声が耳について離れない。私はこの世の中でハトが一番嫌いなのだ。今日は炭色の曇り空。何か、冷たいみぞれや雨が降ってくるような嫌な予感がするが、窓から見えるハムステッドのデコボコ屋根、ヒースの森の木に、心が吸い込まれていく。これが私のロンドンだから。ビクトリア時代のハムステッドの人達は、今、私が窓から見ているのと同じ景色を見て暮らしていたんだと思う。
大規模修繕中の足場は不恰好で、外から見ると、取り壊しのようでもある。家主のロッテンバーグさんより届いたメールは、「自分は幼少時代、このホーリーロウで過ごした。思い出深いこのホーリーロウも長く維持するために、リースホルダーの皆さんのご理解が必要なのです」と、今回の工事の見積もりを受け入れるようながすものだった。

このような一文が日本の家主から届くことはない気がする。

彼も含め、この大きなビクトリアンハウスに一二〇年の間、どれだけの人が住んだのだろうか。

たくさんの物件を見るにつけ、私は本当に自分の好きな場所に、自分の大好きなスタイルの家を持つことができたのだと思う。

今日の午後はデザイナー氏に会って、打ち合わせをする。彼女とは「何かできたらいいね」と話していたが、本当にいい関係が築ければいいと思う。荷物の山を目の前に何から手をつけていいかわからないけれど、今日が最後の一日だ。

取材でかき集めたすべての服の撮影を昼までにするのだと、着替えをカゴバッグに詰めて、ハイストリートまで行く。

木靴を履き、最後はジュディスの原色セーターをヒースで撮ろうということになった。ハンターのローズピンクの長靴を引っ張り出して荷物を担ぎ、黄色いヒメユリギンカの花、小さな水仙が風にそよぐひっそりとしたヒース原野を移動しつつ撮影。

もう春だ。小鳥の鳴き声が、本当にハムステッドならでは。ピッコロ、リリリリリ……

とずっと唄《うた》っているよう。

幸せをかみしめるのは草を踏み、緑の湿った匂いに包まれる時。丘の上からビレッジのデコボコな家並みを眺めるだけで、心が洗われてゆく。

その反面、自分が向かっている方向が本当に正しいのか、親しい家族との別れ（特に親）が近づいているようなおそれが訳もなく突然頭を過ぎる。ハムステッドは大好きだけど、ここも安住の地ではないという想い。

三週間前の長崎への帰省が余りに愉しかった。

母と友人と三人でスタッフを交え取材や軍艦島《ぐんかんじま》の見学に出向き、最後は、知人の葬儀へ出向いた、徳島《とくしま》から帰ったばかりの父が空港まで駆けつけてくれた。

家族みんなでハムステッドに来ることはもうないのだろうか。

あわてて帰宅、シーツを片付け、Tは掃除機を猛烈な勢いでかける。

魔のパッキング作業。完全に容量オーバーの重たい本などが収まるよう、四苦八苦。昼ヌキで頑張る。踏ん張る。

すべての瞬間が、スローモーション映像のようだ。

ハムステッドヒースよりビレッジを望む。

七〇代から元気をもらう

2012年5月28日〜6月4日

（出発前）

三月からあっという間に時間が過ぎ、恒例の六月英国取材。そして私が同行する英国ツアーのため成田を飛び立つ。

今回の取材は、ヒースローで大型のバンを借りて、ロンドンからエジンバラまで車で北上する前代未聞のハードスケジュール。やることが多過ぎて、日記を細かく書くことはできないだろう。

その後は日本からツアーに参加される方々と共に、エジンバラからヨークシャー、コッツウォルズ、リンカーンアンティークフェア経由でロンドンに向かう、まさに英国縦断の旅となる。参加者の女性は平均年齢六〇オーバーながら、凄《すさ》まじい向上心。

それにしても日本女性は変わったなと、この数年痛感している。七五歳になる私の母も、いまだ元気に不登校の子どもや親が集う場を運営している。

ツアー参加者の中には、七〇代のホームステイ希望者もいらして、ずっとラジオで英会話を勉強されていたという。

人生は本当に長くなった。長寿という言葉は、五〇代の私には縁遠い。けれど、七〇代で好きなことができるお手本をたくさん見ていると、人生計算の数式も変わる。

これまでの数式。

八五歳（私が思う自分の寿命）その内訳――五二歳（実年齢）＋五年（私の要介護年数）＋二八年（今後の活動期間）

イギリスの高齢者を知ってから。

八五歳（私が思う自分の寿命）その内訳――五二歳（実年齢）＋三三年（人生を愉しめる年数）

つまり、イギリスの中高年に接していると、寝たきりに象徴されるような夢も希望も持てず、何もできない要介護期間という概念がなくなる。

たとえ、老後、病院や介護施設に入っても、気分の良い時は口述筆記で原稿を書いたり（ベストセラーもの、九〇代の生き方的な本）、現役の頃観られなかった世界の秀作と呼ばれる映画をたんまり観よう。

あるいは、病気になっても仲の良い病気の友達を誘い一緒に入院して、看護師の目を盗み、二人で八〇年分の世間話に興じる、など、最後までしたいこと、できることをやろう。元気な七〇代に刺激されると、愉しみな計画は永遠に続いていくと思える。希望が湧く。

だからイギリス人、日本人問わず、アクティブなおばちゃま方は大好き。

ツアーの最後、密《ひそ》かに愉しみにしているのが、在位六〇年を迎えたエリザベス女王の姿をテムズ河岸で見ること。世紀のページェントに何としても立ち会いたい。

それが今の私にとっても、参加者の方々にとっても、得難い体験になるはずだから。

6月3日（日）

たくさんの工房を巡る取材を終え、イギリス東部の街イプスウィッチから、ダイヤモンドジュビリーに沸くロンドンへ。やはりロンドンに戻ると安心する。

気温は九度と低い。今日は雨と報じられていた。オーバーコートが必要。

それでも体が熱いのは、国民が待ちに待ったダイヤモンドジュビリーのページェント、一大スペクタクル、テムズの川下りを見られるから。

昨年と同じガイドさんが来てくださる。お客様達と一緒に人垣をかき分け、何とか立てそうな場所を探したのだが、ロンドンブリッジなど、どの橋も一番見晴らしの良い所や、川べりはすべて障がい者の特等席だった。

そこで、橋を歩きながら見物しようとするが（橋のたもとでボディーチェックあり）、橋の先端も障がい者がずらり。ロープが張られたその後ろを通行人がのろのろと歩き、車ものろのろ通過する。

三五〇年振りの世紀の祭典を、弱者優先で見せる発想。権力をちらつかせ、偉い人がふんぞり返る特等席を設けず、チケットを販売しないのもいい。

川辺に面した仮設トイレの周辺はテムズの眺望が素晴らしく開けていた。一人ならここにずっといたかったが、警備員が立ち止まるなとうるさい。お客様を連れていたのでやめた。

人だかりは女王が出港する三時半が近づくにつれて膨張する。

中には昨年のロイヤルウェディングに使用した脚立を持ち込む人も。せっかく皆さんを連れてきたのに、どうすべきか。

その時、川べりより少し奥まった緑地帯に銅像を見つけ、その台座に無理やり立ってみると、しっかりテムズが見えるではないか。その場所を確保した後、お客様と代わりばんこに立っては眺め、クイーンの船がやって来た瞬間を全員でひと目ずつ見る。

わずかだったが、女王の白い服、手を振る様子がわかった。

「エリザベス女王だ!」

ウォーッという歓声がテムズの河岸から湧き起こる。警備上、ガラス張りの窓の内側にいらっしゃるかと思えば、女王は堂々とデッキに立ってあらわれた。椅子に座らず、ずっと立っていらっしゃる女王。そんな女王が六〇年もの長い間、真摯《しんし》に責務を果たしたことを国民は誇りに思い、喜んでいる。運命を受け入れ、八〇歳になっても堂々たる現役。夫と共に、三〇年余りにわたりテロが相次ぎ一九九八年和平に至った北アイルランドを訪問するなど、あまたの問題を乗り切る女王は、決して弱みを見せないのだ。

立派な君主を規範として、作られる社会。こんなピラミッドが私はうらやましい。ボートが通り過ぎた、通行できるはずの橋がことごとく封鎖され、ドライバーは激怒。警官はおめでたい日だからと陽気に対応。その対比が実にイギリスらしく、日本の脱原発、政治不信などの渦から脱けられたような気分。

大渋滞でピカデリーまで約二時間かかる。人目もはばからずコーチで爆睡。ツアーのお客様も午睡に入る。

コーチを降りた後、スタッフのTと二人「ワンケイ」に行く。

豆板醤《トウバンジヤン》ソーホー一無礼な中華料理店で、従業員の無礼極まりない新ワザに遭遇した。豆板醤が切れていたため、新しいものが欲しいとカウンターに行くと、「You sit down!」と突き飛ばされたのだ。

またTは、通りがかりの姉さんにオーダーをしようとしたら、「Enough!（もうたくさんよ！）」と、メニューをひったくられた。香港チャイニーズ、ホール女性のあまりの迫力。こんな店が東京にできたらどうすると、目をパチクリさせ、Tと二人で大笑い。フィッシュボールヌードル、スイートサワーチキンオンザライス、チンゲン菜オイスターソース炒めをガツガツかき込む。突き飛ばされても怒鳴られても安くておいしい。笑える店。経営者アンディ（香港チャイニーズ）にインタビューした折、「『ワンケイ』はロンドンに移住した中国人にとって家のようなもの。年寄り達は毎日でも通う」と言っていた。それを聞いた時、中国人高齢者が集まり、古い会館でテレビを見たり、碁を打つ様子を思い出した。あの切ない華僑《かきよう》が求める場所を。だから「ワンケイ」がいかに無礼でも、貧乏学生の頃から通い続けたこの店を、私は愛しているのだ。

その後、Tと二人でリリックシアターへ『スリラー』を観に出かける。マイケル・ジャクソンに関心はなかったが、「KING OF POP」の名に恥じないすごい才能。

本当にいい曲をたくさん歌っていたのだなあと思い、アメリカやハワイを連想させる「ヒール・ザ・ワールド」など、数々の曲にイギリス人が熱狂する、そんな様子に、戦争や独立、和解や同盟を通じて深く根付いた日本人にはわかり得ない米英両国の特別なつながりを感じた。

世界最強の言語、英語を共有し、多くの連邦国、あるいは軍事力を有し、共にアフガニスタンで戦った米英の仲。

終了後、冷たい雨の降る夜のソーホーでキャブが捕まらず地下鉄で帰る。

懐かしのホーリーロウ。外壁の工事は終了して足場も外れていた。シンボルだったイチイの木も刈り取られ、床屋に行った子どものようにフロントガーデンはきれいさっぱり。一年前に買ったバラの花だけは健在で、玄関横で小さなつぼみを付けていた。盗まれず水もやっていないのに、枯れていないのが嬉しい。

明日はツアーの皆さんをハムステッドに案内する。雨だったらどうしようと、スタッフの皆を集めるも、相づちを打つ目は眠そう。一人、また一人とベッドへ戻る。最後は残ったヨシと二人、台所でワインを飲みつつ、少しだけ話をした。

ヨシとマモルと部長の四人で過ごした頃のことは、過去になったけれど、どこかにまだ燃え残った思い出があるのではと会話しつつ探す。

心配する私に「大丈夫。明日、早起きしてルートを探します」と、頼もしい彼の言葉。人をまるごと信頼できるか否か判断するのではなく、一人の人間について、信頼できる本気の言葉を発している時と、その場しのぎの言葉を発している時のどちらであるかを知るべきなのだ。

でなければ、いちいち心は混乱する。

その人は信頼できる人であり、適当な人である。表裏一体、そのどちらが飛び出すかは、状況や接する人との化学反応。

心変わりはこわいが、人は隠れた可能性も秘めている。


先日新人スタッフがICレコーダーをなくした一件が引っかかっていた。大切な二度と取れないインタビューだったのに。

こちらにいる間、かなり、いろんなことに戸惑いを感じていたが、一杯の寝酒が少しそれを薄めてくれた。入眠剤を飲んで休む。

6月4日（月）

最終日。ヨシに起こされるまで熟睡していた。

何とか天気は持ち直し、雨は降っていない模様。

支度をして出かけ、クロワッサンとコーヒーの朝食。お客様に「世界一のクロワッサン」と言った手前、全員分をスタッフに買っておいてもらう。

今日はハムステッドビレッジをツアーメンバー全員で歩く。

高台のホーリーブッシュからビレッジの中心地ニューエンドまで三〇分のウォーキング。

ハムステッドに到着した時から、これまで以上に写真を撮る人が多い。

皆さん「良い所ね」とおっしゃる。やはり人の心をつかむ魅力がこの街にはあるのかもしれない。


ヒースポンド（池）、私達が「飛び出し女」と呼ぶ像を経由し、アンティークのボタン屋へ。

「ボタンレディー」の店主、優しいおじいちゃんはバンク・ホリデー（公休日）にもかかわらず、わざわざ店を開けてニコニコしながら待っていたのに、皆さん、ほかのアンティークショップに。

おじいちゃんに申し訳なく、あわてて私があれこれ選んでいるとザワザワ集まりだし、ボタンだけでなくスカーフやブラウスまで買って行かれた。

キルト店の店主も、また今後来る時はきっと連絡してとヨシに言っていた。

自分達が取材し、行きつけにした店は安心だ。そして、喜んでもらえると嬉しい。

横丁で見つけた日本人が経営する雑貨店は、品揃えがとても良かった。日本人にアピールするには、きれいな陳列や、少ない物をていねいに見せることが大切だと思う。

私はこの半年間でたくさんの服を作る人達に出会った。これまで知り得なかった世界がはじまる予感。これもロンドンに拠点がなければできなかったことか。


やっと自由の身になり、スタッフとフレスクウォークのパブへ。その後私は、ハイストリートの店をあわただしく見る。帰るとヒースローまで向かうキャブが待っていた。

急いで洗濯したシーツをたたみ、曲がりくねった狭い階段を上り下りしてスーツケースを車に積み込み、ホーリーロウを後にする。

自分のためだけにハムステッドにこもって撮影したり、買い物したり、ゆっくり過ごせる日はいつになるのか。タクシーの中でウトウトするうち、部長に起こされた。ターミナルの前に降り立つと、東京はすぐそこ。たくさんの思いを胸に、ヒースローに吸い込まれてゆく。

ヒースポンド（池）。自宅近くにヒース原野があり、住宅を映し出す池が点在する幸せ。

第5章

ときめきはいつもロンドンから

五〇代の旅支度

待ちに待ったロンドン五輪を見るためイギリスへ。渡英前に原稿を書き上げなければと、バタバタの日々が過ぎてゆきます。寝不足もあって、ペースが上がらない上、毎回苦労する旅支度も手付かずのまま。

何度もイギリスに行っている私は、旅慣れていて荷作りもテキパキこなすと思われがちですが、実は相当、手際が悪いのです。

フォトエッセイの撮影もあるので、毎日着る服のコーディネートを考えて荷作りもしなければ……。荷物を入れ過ぎたり、あまり早く詰めてしまうと服にシワが寄ってしまい現地で大変なことに。だから、いつも出発前夜に、一気に荷作りを済ませます。

今回はずっとロンドンの自宅で過ごすので、スーツケースの移動もなく、いくらか楽なはずなのに、もたもたして、不要なポイントカード、健康保険証などを抜き取る財布の整理も、一向に進みません。

こんな作業がいつも深夜二時まで続くのは、まだまだ工夫が足りないから。海外に行く時は、最低パスポートとメガネと財布があれば大丈夫と言われますが、充電器、薬、カメラのＳＤカード、資料なども、それと等しく必需品。

最近では、一週間前から枕元にメモ帳とペンを置いて、夜中ふと思いついたものを書き込むようにしています。出発前日、そのメモを見ながら最終の荷作りをして、足りないものは成田、もしくは現地で調達するためです。


イギリスのみならず国内出張でも手間取ることのないよう、簡単に取り出せる布のエコバッグ（雑貨店で無料配布のもの）にこんなセットも作りました。

日常使いとは別に、旅行用の①薬セット②化粧セット③文具セットです。ファンデーションからホッチキスまで、同じものを二つずつ揃えるのは無駄な気もしますが、作ってしまうとなかなか便利です。

旅先から帰ってきてもスーツケースから取り出していちいち片付ける必要がないのですから。

そのために、常日頃からドラッグストアやデパートで集めたクリーム、シャンプーなどの試供品は化粧セットに入れておきます。同様に、ファミレスやファストフード店で使わなかった、濡《ぬ》れナプキンもキープ。一枚ずつ袋に入っているので、会食の時など手が汚れた時、カバンに入っていれば同行者にも渡せます。

タンスの肥やしになっている捨てられないインナーやアクセサリーは、やはり中身がわかる透明のビニール袋に詰めておいて、暑い、寒い、フォーマルなど現地で体温調節。少しだけドレスアップするための予備服も入れます。

万が一使わなければ、すべてロンドンのチャリティーショップへ寄付します。

思えば三〇代の頃は、小さなリュック一つだけで旅立ちました。軽装のあの頃の方が、もっといろんな所に臆することなく出かけて行ったものです。

旅の準備についても、いつか仕切り直しをせねばと思っています。

なでしこ決勝戦、これがリーダーシップ

五輪取材で夕刻ヒースローに着くなり、部長が大興奮。ロンドンでいつも世話になるドン氏より「なでしこジャパン決勝戦の切符が二枚入手できたので、至急オフィスに来られたし」と連絡があったとのこと。

アメリカを破り、史上初の金メダルなるか。

日本でも勝ち進んだ彼女達が、世界の頂点に立てるか否か、連日報道合戦が続いていたのですから、まさかのビッグサプライズです。

キックオフは七時四五分。時間がないとドンが焦っているのでしょうか。私の携帯電話にも、編集部からオニのようにメールが入って、早く連絡してくださいと、アタフタした様子が伝わってきます。

ハムステッドに寄っている時間などありません。長いフライトで寝間着のような格好をしていた私達。まともな服はスーツケースの中。さあ、どうしましょう。

まっすぐにドンのオフィスに向かうために、イラン人ドライバーに着替えたい旨を伝

えると、ノース・サーキュラー（北環状線）のガソリンスタンドに立ち寄ってくれました。トイレで着替えろというのです。車椅子も入る大型トイレのありがたさ。服が汚れないよう、体をくねらせ、寝間着からワンピースへ着替えます。

何とかドンのオフィスに駆けつけると「井形さん達は本当に運がいい。連絡が取れなければ、ほかに回すところだったプラチナチケットだよ」と得意気な表情です。喉《のど》から手が出るほど観たい人はいるはずなのに、もったいないやら、ありがたいやら。ドンの知り合いが関係者とかで、この幸運が巡ってきたそうです。

皆でメトロポリタンラインに乗って決戦の地、ウェンブリースタジアムへ向かいます。むせかえるような混み合う車内。次の駅と聞き、胸を撫で下ろしました。

さて、ウェンブリーパークの駅を出ると、これまたすごい人の波。

一時間前というのに大行列です。最後まで観ていたら電車に乗れず帰宅できないかもしれない。勝っても負けても表彰式まではいられないと思いました。よくテレビのスポーツ中継で見かけるような、奇抜な格好をした日本人も少なく、オリンピックというより、ロックコンサートの会場のよう。

会場があるウェンブリーといえば、二〇年ほど前に娘を連れてマーケットを訪れた地。中古の家具や服を売るカーブーツセールを夢中で物色した思い出がよみがえってきます。

さしたる良いものも見つからず、ただ、歩き回ってハンバーガーを食べた場所。どこかうら淋しくて、ハイドパーク周辺とはまったく違う住宅街の趣が、すっかり様変わりしているのです。

少しずつ西に傾く陽を受けて、街も人々も幸せなオレンジ色に染まっていきます。ロンドンの夏の美しい夕暮れ。青い空も西日で微妙な色に変わり、なでしこを生で観る興奮も混じって「何といい日だろう」と、広大なスタジアムを吹き抜ける風を受けて歩き続けます。

チケットを見せ、持ち物検査を受け、少しお腹がすいた私達は、ドンの一行と別れた後、ホットドッグを買い込みました。アルコール類の販売はあるものの、スタジアムには持ち込めません。

すべてが物珍しく、日本からは「なでしこ観戦ですか、うらやましい！」というメールが続々と入ってきます。

スタジアムの席につくと、UKポップス（Queenなど）がかかり、そのこもったサウンドが会場の巨大さを体感させます。

司会者の女性がウエーブを作ろうと呼びかけると、観客が立ったり座ったり。え〜、こんなことまでやるのというのが正直な感想。スポーツ観戦に慣れず待っている間、困惑したり、周りを見回したり落ち着かない私。肝心のなでしこジャパンは練習中で、澤《さわ》選手がこちら側に走ってくると、部長はすかさずシャッターを切ります。

私は、練習を観るよりもまずは腹ごしらえと、隣の空席にホットドッグのケチャップをこぼさないように、そっと二つの紙皿を並べました。

空席をはさんで隣に座っていた赤ちゃん連れの若い日本人ママさんと目が合ったのであわてて会釈。

そのとたん、玉ねぎの乗ったホットドッグが、ドサッと皿ごと席の下に落ちてしまったのです。足元には玉ねぎと真っ赤なケチャップが飛び散り、大あわてで、ママさんに謝りつつ掃除する恥ずかしさといったら、ありませんでした。

大歓声。九万人が埋め尽くすスタジアムですが、日本人の応援は米国に押され気味。「USA」「USA」と連呼し、些細《ささい》なことで「ウーッ」とブーイング。床を踏みならすアメリカの応援団。日の丸を掲げ、規律正しく手拍子で応援する日本人は、なりふり構わず主張することが苦手なのかもしれません。

その雰囲気から、なにか嫌な予感はしていたのですが、叫ぶと声が嗄《か》れるので静かに観戦することに。それでも、米国に先制点を取られてからは、こちらもゆとりがありません。

目が悪い私は、揺れる長い髪、澤選手を追いかけます。澤選手がドリブルをはじめると、安心と期待で胸が熱くなります。

苦戦の時ほど、やってくれよと懸けてしまう人。

雲行きがあやしい、逆風の時こそ頼みの綱にしてしまう。そういう期待を受けとめる力。これがリーダーシップというものでしょうか。

「さーわー、がんばれー」と叫ぶや、それまでおとなしかった私に視線が集まります。

ああ、こちらはドリンク片手でも、あの広いピッチを走り回り、ボールを追う彼女達の心境はいかなるものでしょうか。

神宮前《じんぐうまえ》で見た、Jリーグ開幕後、間もなくの試合。カズとかラモスがいた頃ですから、もう二〇年近く前でしょうか。あの嵐のようなサッカーブームはすっかり定着し、「国技」といわれる相撲を、追い越したのだなあ、と思います。

「巨人、大鵬《たいほう》、玉子焼き」は昭和の子どもの大好物でした。震災後、世界一という大きな贈り物を日本にもたらした「なでしこ」は、焼け野原に咲く大輪のひまわりのよう。

あの感動は、まさに神様が日本人に与えてくれたプレゼントでした。

想定外の場所で着々と前進している人がいた。その驚きに、復興の兆しを重ねた人もいたでしょう。

はたして、なでしこはアメリカに追いつけず、終了の合図。金メダルまであと一歩だったのにと思いつつ、心からのエールを送りました。

さあ、地下鉄に乗らねばと、表彰式を見ずにスタジアムを後にして駅を目指す私達。割れんばかりの大観衆の歓喜が立ち上る北ロンドンの夜。

日本を離れ、異国にいる時ほど、海外で頑張る日本人を生で見たいと思うものです。私も同様です。しかもここはロンドン。

世界に飛び散った日本人魂。テレビや新聞を通して五輪アスリートに注目しつつ、まだ日本は捨てたものではない、まだいけると自分の指針を皆、確認しているのかもしれません。

なでしこジャパン決戦会場のウェンブリースタジアムには
9万人もの観客がつめかけていた。

男子マラソンと日本のテレビ撮影隊

五輪の期間は晴天が続くロンドン。今日は早起きして最終ハイライトの男子マラソンを撮影。

コース最難関といわれる石畳のレドンホール・マーケット目指し、金融街のある、バンク駅近くに向かいます。駅名は一六九四年にできたバンク・オブ・イングランド（イングランド銀行）に由来。「モニュメント」「エンジェル」などノーザンライン沿線の駅名が、ノスタルジックなロンドンを思わせます。

休日のオフィス街は東京もロンドンもゴーストタウンのよう。新旧入り乱れたビルが建ち並ぶ中、「ロンドンアンバサダー」（五輪時の観光客をお世話するボランティア）に道を尋ね、目的地へ向かいます。

早起きした甲斐《かい》があり、何とか最前列が確保できて、固唾《かたず》を呑《の》んでランナーを待つ私達。ゴツゴツした美しい石畳は、見るには良くても、歩くと靴がつっかかり、とてもやっかい。けれど景観を重んじるイギリスでは、このような道も建築物同様、厳重に保護されています。それをコースに組み込むことで、ロンドン五輪を際立たせたかったのでしょう。

ランナーを応援する、イギリス人に日本人女性が加わった和太鼓軍団の雄々しい響きをＢＧＭに、ランナーが走って来る方向にカメラを向ける観客や報道陣。

私達の横では、日本のテレビ番組の収録が行われていました。リポーターらしき女性に大きな応援旗を持たせ、ＡＤ氏がセリフの指示を出していました。

「カメラに向かって、ハイ」ＡＤ氏。

「皆さん、頑張って欲しいですね」リポーター女子。

「うーん、もっとこっちに向かって……」カメラマン氏。

競技の応援というよりワイドショーの収録のよう。問題はその最中、ずっと指示を出すＡＤ氏が最前列でのけぞり、コースが見えないこと。

皆、場所を確保するため早くから来ているのに。観戦する私達の前に立ちはだかるように、「はい、カメラ目線でこう言って」と張り切って指示するＡＤ氏に、人々の表情も曇り気味。まさかロンドンに来てまで、「ええい下々の者、下がれ。こちらは天下のテレビ番組だぞ」に遭遇するとは思いませんでした。

どうすべきか考えた末、ＡＤ氏の肩を叩きました。

「すみませんが、あなたがのけぞってしまうとコースが見えず、写真が撮れないんです」

するとＡＤ氏は、「日本人じゃないか」という目でこちらを見て、何も答えずどこかに消えてしまいました。

かねがね日本のテレビ、特にバラエティー番組の配慮のない制作態度には、疑問も多かったのですが、テレビカメラは黄門様の印ろうではありません。

世界の人が集まる五輪の場で、もう少し周りに配慮して、「すみません、見えますか、邪魔ではないですか」と、言えないものでしょうか。

さて、マラソンですが、まるで障害物競走のような石畳を、跳ねるように走ってゆく一番手の選手には驚きました。まるでサバンナを駆け抜けるダチョウのような軽やかさです。

次々とこちらに向かってポン、ポーンと投げ捨てられるドリンクボトル。ああ、すごい。この人達は今、世界の頂点を競っているのだと、なでしこ戦の時よりリアルに実感できました。

コースをグルリと頭でなぞり、これを三周も走るなんて、人間の肉体の強靭《きょうじん》さに、自分の頼りない足元をマジマジと眺めるのでした。

選手の国も名前もわからないけれど、最後の一人が走り過ぎるまで「ガンバレー！」と声援を送り続けた。

娘の結婚式のためのドレス探し

帰国後に迫った娘の結婚式に、窮屈そうな和装はパス。自分らしく洋装でと考えるものの、いったいどんな服を着ればよいかわからず、ロンドンでドレス探しをすることに。パーティー文化のあるイギリスならば、素敵なドレスがよりどりみどり。そう信じていた私でしたが、それは大間違いでした。

あちこちの店で一五着ほど試着しましたが、全部ダメ。理由は胸元、背中が開き過ぎて花嫁の母らしくないからです。

手頃なハイストリートファッションのお店に入り、夏期セールで見るドレスも、ひざ下がシースルー素材だったり、スリットが深かったりと、背があってグラマラスな欧米人に似合いそうなデザインばかり。体格のいい欧米人、あるいはファッション誌に登場する女優の萬田久子《まんだひさこ》さんなら似合うかもしれませんが。本当にフォーマルは難しいものです。

結局、あれこれ悩んで、今持っている服をリメイクする方向に頭を切り替えました。

ほっと一息ついて歩き出したハムステッドのロザリンヒルで、フランスの服を売るお店を発見。着心地が良いと勧められた、黒のゆるいドレープが裾《すそ》までくるドレスはファスナーなし、着脱も楽と、リメイクでいくぞという決意を揺るがせました。

思えば、五〇代になって補整下着は見るのも嫌と、「着心地の良さ」や「肩が凝らない」というポイントを重視するようになりました。ヒールの高い靴も履けず、自分のおしゃれから「セクシー」という要素が抜け落ちたことにハタと気付くのです。

イギリス人の夫がいたら、まずいだろうなあ。いくつになってもセクシーでいることは、イギリスでは「かわいい」以上のアピール力があるのですから。パートナーが日本人で良かったとつくづく安堵《あんど》するのはこんな時。誘惑に負けてセール品を一点だけ購入。欲しい服はたくさんあれど、帰国後の服を含めたクローゼットの整理を思うと、相当エンジンブレーキがかかる昨今。

ちなみに私のクローゼットは、基本的に色別で管理しています。

いつもイギリス人にクローゼットを見せてもらいますが、それぞれの家庭に、それぞれの工夫があり、とても参考になります。

目下、娘の結婚式には、ずっと重宝してきた黒のワンピースに、シルクフラワーのコサージュをいくつか作ってもらって、ジャケットと合わせる予定です。フォーマルにうとい私ですが、アクセサリーや、花や、ストールで「よそ行き」になれる服は、素材も仕立ても良いもの。

一生付き合える服へと数を絞っていくために、持ち服を引き立たせてくれる一点物のパールのアクセサリーやコサージュなどを、イギリスのクラフトショップで探していくつもりです。

ロンドン、夢の一日散策

東部のベスナルグリーンに向かう途中、驚いたのは暴走する地下鉄でした。オリンピックのせいで運行スケジュールを死守しているのでしょうか。いつもよりものすごいスピードで走るのでこわくなりました。

そういえば五輪開催地としてのロンドンの難点は、交通機関があまりにお粗末なことだったそうです。それを改善する約束でライバルのパリを打ちまかし、三度目の開催となったのです。

古い地下鉄、時間通りに来ない電車。それが五輪を機に変わるとも思えないのですが、次々と新しい路線が登場し、街がモダンになったようにも見えます。

が、ふたを開ければ五輪真っ最中というのに、ロンドン中心部は閑散としていました。駅やホームで目にするピンク色のオリンピック表示もちょっとさみしい感じです。こんなものかなぁ、でもこのくらいでいいかなとも思います。

オリンピックの公式スポンサーＶＩＳＡが公表した試算段階の経済効果、六六〇〇億円は、開催費用に一兆二〇〇〇億円以上もかかり、赤字となりました。
莫大《ばくだい》なセキュリティーの費用に加え、インフラの整備がほとんど完成している先進国の大都市の再開発は、何もない更地にインフラを整備する以上に、ケタ違いの費用がかかってしまうからです。選手村を公営住宅として売り出す計画も、イーストエンドの貧困イメージが強過ぎて苦戦していると伝えられています。

あれこれ考えつつ、今回、初めてオックスフォードストリートの裏手にあるウィグモアストリートの「マーガレットハウエル」のフラッグ店を訪ねました。

高くてなかなか手が出ないけれど、いつも気になるのがマーガレットハウエルの服でした。一〇年前にセールで買ったパープル色のトレンチコートは、すべやかなウールの生地感といい、スッキリしたカッティングといい、とても着やすく重宝しています。「KENZO」にはじまり、大好きなファッションのデザイナーには限りない興味と憧れを抱く私。

さて、店内にはいくつかセールアイテムの服もありました。そしてなんと私が試着室に入ったり、店員さんと話してる時、何度もマーガレット本人がスタッフの前を通り過ぎたそう。

編集スタッフのTいわく、すっかり白髪で、見た目はおばあちゃんのようだけど、凛《りん》としていると。

ひと目会いたかったなあと、残念でした。

マーガレットは奥の部屋でミーティング中、仕事中はスタッフの方も集中できるように気配りをしているようでした。

イギリスの地場産業と提携して、マーガレットハウエルの製品を生産させている点など、強く英国製にこだわる彼女のスタイルにも共感できるのです。経済危機にさらされているイギリスでは、こういった自国生産への揺り戻しも起きています。

行ってみたかった店をのぞき、気ままに食事をとる。大人の女性にとっては至福の時間です。

ところで、こんなことはないでしょうか。家の近所でとても気になっているけれど、何となく素通りしてしまっていた場所。近くだからと放置していたところに、やっと向かい合える時の新鮮な感動。

私の場合、その一つが高架式の鉄道、オーバーグラウンドでした。

自宅の最寄り駅は地下鉄ノーザンラインのハムステッド駅と、オーバーグラウンドのハムステッドヒース駅がありますが、オーバーグラウンドはずっと利用する機会がありませんでした。

大荷物を抱え、くたくたになった私は、ショーディッチハイストリート駅から、オーバーグラウンドに乗車して、ハムステッドヒース駅まで戻ることにしました。

冷房の効いたオーバーグラウンドは、オリンピックパークのあるストラットフォード駅や、テムズのほとりのリッチモンド駅にも一本で行けます。

人は少なく、地下にもぐらない分窓の外のロンドンは美しく、乗るたびに、知らなかった景色に出会えます。

途中、たくさんの公営住宅を見ました。ロンドンの光と影、建ち並ぶ高層ビルの壁にはストレスをぶちまけたような落書きがたくさん。

乗客の顔ぶれもアフリカ人、インド人に加え、黒い帽子をかぶったおじさんも乗り込んできました。新疆《しんきょう》ウイグル自治区にいたムスリムのようですが、ひと目見ただけではどこの国の人かわかりません。

相手の国籍、出身地がわからない自分は無知なのか、ロンドン居住者達なら見分けがつくのか、つかないのか、いつも考えさせられます。

たくさんの宗教、文化がごたまぜになると、正統派のブリティッシュスタンダードは薄まっていきます。それでもこうして国が成り立ち、秩序が保たれている。そこにはどんな力が働いているのでしょうか。厳正なるルールか罰則か。あるいはいろんな人がいることを深く考えず、何となく自分が自由であれば（成り立てば）いい、という感覚なのだろうかと思いました。

電車がハムステッドに近づくと傾斜地に市民農園（アロットメント）が見えました。自宅の少し先にあるサウスエンドグリーンに降り立つと、一日の旅が終わったよう。大荷物を抱えたまま、ヒースの風に吹かれながら、我が家までの道のりをゆっくり、ゆっくりと歩いて帰ろう。

一日の散歩の望外なおまけは、暮れなずむヒースとレンガの家並みを堪能できる家路でした。

ヒースの前で、映画『小さな恋のメロディ』
の主役、憧れのトレイシー・ハイドと共に。

文庫版あとがき

今まで　そして、これから

成田国際空港を飛び立つ時、私のカバンにはいつも大学ノートと何本もの書きやすいボールペンが入っている。行く先々で気付いたこと、大切な数字、旅で出会った人の住所、そして欠かさず日記を書くために。これはケータイやカメラと同じく、私にとってはなくてはならないものだ。

だから、入れたつもりの大学ノートを自宅に置き去りにしたことが空港で分かった時は大変だった。空港の売店を走り回ったが、いつも私が使っている大学ノートは見当たらず、ファンシー雑貨のようなイラスト入りのメモ帳を仕方なく買った。

こうまでしてでもノートを手に入れるのは、常に書くものを持っていないと、とても不安で、心淋《こころさみ》しいからだ。レストランのペーパーナプキンや新聞の余白にも思ったことを書いておかないと、その時の気持ちはすぐに消えてしまう。

ましてや異国の地、イギリスでは毎日が戦争状態。日中は慣れない英語で神経を使い切るから、ベッドに横たわるとノートとペンを持ったまま眠ってしまう。いけない、日記を書かなくてはと、明け方飛び起き、眠い目をこすりつつペンを走らせる。スタッフが起き出し、シャワーを浴びたり、荷物をまとめたりする前に一日の出来事を書き上げるのだ。

そんな文面を改めて読み返してみると、本書に収められている二〇一〇年八月～二〇一二年五月迄《まで》の日々は、東日本大震災、ダイヤモンドジュビリー、ロンドン五輪と大きな出来事が立て続けに起きている。その時々でイギリスへの思いも変わっている。たとえば、第2章の「人生を愉しみ尽くす工夫」に登場する私やスタッフは、陽気である。ロンドン・北部のハムステッドに完成した夢の「アジト」で、イギリス生活を開始し、ハムステッド・ヒースのピクニックコンサートに長靴を履いて出かけるなど、旅行者ではなく、居住者として豊かなイギリスの暮らしを少しずつ享受していく。

その後、日本のあり方を根本から問い直す巨大地震が起きるなど、この時は予想だにしなかった。

震災の少し前より、新聞紙上でコラムを連載していた私は、原発問題、復興の遅れ、利権にまみれた政治や社会の有り様に憤り、妙な使命感ではち切れそうだった。

イギリスの庶民の人々を尋ね歩き、衣・食・住を取材する中で、イギリスのふつうの人々が持つ「自分の言葉」「自分の肌感覚」こそ、非常時の社会において強さを発揮すると知った。だからおかしいと思ったことを見過ごさず、声を上げると決めた。

出版社を興し、社員と共に英国生活情報誌「ミスター・パートナー」を毎月出し続ける傍ら、本を書く。長崎に暮らす両親や、家族とのあれやこれや、息つく暇もなかった五十代前半。デンツのニットデザイナー、ハムステッドの不思議なスタジオなど、その後、イギリスの服や雑貨を紹介する仕事につながる出会いも本書には見え隠れする。


「ずっと働くことが元気の秘訣《ひけつ》よ」

わずかな年金を補充するため、七十代、八十代で宿の経営や福祉活動など、心に決めた仕事に取り組む女性たちに出会うたび、「人生とはエンドレスなのだ」と確信したのもこの頃だった。そのつど未知なる未来を思い「ああ大変だ」という重たさと「これから何ができるだろう」というワクワク感が交錯する。

五十代から六十代へと続く階段を上る日々は、自分の夢の結実と、第二の人生をどう生きるかという思いが振り子のようにゆれていた。

そう、生きてゆくことは豊かで幸せなことばかりではなく、心が重たくなることもある。心配事の質も年をとれば変わってくる。

そんなことを包み隠さず、これからも大学ノートに書き留めよう。

ゲラを読み返して、素直にそう思った。


『輝く年の重ね方』は十人十色、人それぞれだ。

私はたまたまイギリスとの出会いがあった。三十五年以上もの間、イギリスというフィルターを通して、自分にはない価値観や生活習慣を拾い集めた。

自分を支える大好きなものがあると、人は淋しくない。机の横に積み上げられた大学ノートに目を落とすたび、しみじみと書くことに支えられた日々に感謝している。

二〇一四年八月には八十代になる両親と最後のイギリスの旅へ出かけた。ブロンテ姉妹が大好きな母を先頭に、父と三人で『嵐が丘』の舞台を歩いた。これまで何度かイギリスを訪れた二人に仕事や私生活でも助けられたことを、荒野を踏みしめるたびに思い返した。

この世のものとは思えないヒースが咲きほこる桃色の大地。霧にかすむ幻想的なトップウィズンズ。三人して見たいものを、最後にイギリスに見せてもらった。

イギリスは私の人生の宝箱のようなものだ。
七十年代から今に至るまで、たくさんの道を示し続けてくれた。
それは、これからもずっと続いていく。

本書文庫化にあたっては、集英社文庫副編集長の海藏寺美香さんに大変お世話になりました。この場を借りて心よりお礼申し上げます。

二〇一四年晩秋　東京の編集部にて

井形慶子

集英社文庫

イギリス流《りゅう》 輝《かがや》く年《とし》の重《かさ》ね方《かた》

2014年12月25日　第1刷　　定価はカバーに表示してあります。

著　者　井《い》形《がた》慶《けい》子《こ》

発行者　加藤　潤

発行所　株式会社 集英社

東京都千代田区一ツ橋2-5-10　〒101-8050

電話　【編集部】03-3230-6095

【読者係】03-3230-6080

【販売部】03-3230-6393(書店専用)

印　刷　大日本印刷株式会社

製　本　大日本印刷株式会社

フォーマットデザイン　アリヤマデザインストア　　マークデザイン　居山浩二

ISBN978-4-08-745263-1 C0195